OVERCOMING

A SYSTEMATIC APPROACH TO GYMNASTICS

GRAVITY

AND BODYWEIGHT STRENGTH

AUTHOR

STEVEN LOW
史蒂文·洛

總校閱
★
國立清華大學
體育系教授
林貴福

U0072836

超越重力

徒手肌力系統訓練&體操聖經 (下)

Commonly referred to by readers as an "exercise Bible," Overcoming Gravity is a comprehensive guide that provides a gold mine of information for gymnastics and bodyweight strength training within its nearly 600 pages.

超越重力 —— 下

出　　　版／楓書坊文化出版社

地　　　址／新北市板橋區信義路163巷3號10樓

郵 政 劃 撥／19907596　楓書坊文化出版社

網　　　址／www.maplebook.com.tw

電　　　話／02-2957-6096

傳　　　真／02-2957-6435

作　　　者／史蒂文・洛

總 校　閱／林貴福

翻　　　譯／劉錦謀、王玉青、林育槿、徐志翔、
　　　　　　郭林璇、蔡雅淳、林怡瑄、
　　　　　　陳著、王洪丹、陳竑廷、蔡政霖、
　　　　　　沙部・魯比、邱詩涵

企 劃 編 輯／陳依萱

總 經　銷／商流文化事業有限公司

地　　　址／新北市中和區中正路752號8樓

網　　　址／www.vdm.com.tw

電　　　話／02-2228-8841

傳　　　真／02-2228-6939

港 澳 經 銷／泛華發行代理有限公司

定　　　價／650元

初 版 日 期／2018年10月

國家圖書館出版品預行編目資料

超越重力／史蒂文・洛作；林貴福譯. -- 初版
. -- 新北市：楓書坊文化, 2018.10
面；　公分

譯自：Overcoming gravity : a systematic
approach to gymnastics and
bodyweight strength

ISBN 978-986-377-417-4（下冊：平裝）

1. 運動訓練　2. 體能訓練　3. 體適能

528.923　　　　　　　　　107012680

目錄

CHAPTER 23

鍛鍊技巧、說明和提示

EXERCISE TECHNIQUE, DESCRIPTIONS, AND TIPS

推薦的設備

盡可能選擇「低技術含量」的動作，因為並不是每個人都擁有高級的器材或裝備。開始訓練時唯一需要的設備是一套吊環。

有些演示的技巧會用到雙槓和伏地挺身架，或類似懸高桿的單槓。多數的槓上動作可以被吊環取代，而多數的雙槓動作可由伏地挺身架代替。

市面上可選用的吊環及裝備不會有太大的差異。吊環品牌主要有Rogue和EXF，木質吊環要好於塑膠吊環，因為前者的手感更好，較容易使用白粉抓握。Rogue公司也銷售高品質的單槓。你也不妨瀏覽一下不同的體操器械供應商，以下是兩個網站，內容包含一些關於自製健身器材的說明。

- 吊環：www.instructables.com/id/How-to-make-PVC-gymnastic-fitness-rings
- 伏地挺身架：www.celtickane.com/projects/homemade-parallettes

吊環可以安裝在室外的樹上或在室內，如懸掛於門口。有些人會將其安裝在天花板或橫樑上。而伏地挺身架可以在任何地方使用。

如果無法取得以上設備，你仍然可以透過創意解決。例如，你可以把掃帚用一條繩子掛在樹上。無論如何，切記安全第一。以下提供一些替代方案：

- 引體向上：可懸掛在樹木、樓梯間、遊樂場、壁架、堅固的門框或任何可以懸掛的地方。
- 划船：將長棍懸掛在桌子、椅子或其他同高的相對平面上，再掛上2個吊環。

基本姿勢、重要訓練和常見錯誤

大部分的基本姿勢在常規熱身方式中可以找到。熱身運動有益於完成他們，因為其有助於發展身體意識、結締組織的完整性，並使人體免於損傷。

肩胛骨的位置

縮肩　　　　　　　　展肩　　　　　　　　聳肩　　　　　　　　沉肩

上圖顯示了肩胛骨在位置上的差異。在訓練時需要讓肩胛骨保持在合適的位置以便有效、安全地完成身體動作。縮肩和展肩分別代表向後、向前面擠壓肩部。同樣地，聳肩和沉肩分別表示向上、向下運動肩部。

仰臥屈體、俯臥弓身、平板支撐、反平板支撐

以上是基本的身體定位訓練，這些訓練將使你熟悉徒手訓練的各種動作。最終能夠做類似手倒立及其他高級訓練。如果在熱身活動中進行正確的定位，它將使你獲得長期的成功。

當你進行姿勢訓練時，請注意保持身體呈直線姿勢（包括屈體、直體及弓身）。你可以使用一面鏡子或錄影來觀察自己，以便保持正確動作。你也可以請教比你更有經驗的教練或運動員來監督訓練，並指導你需要做什麼。最終，達到可以閉眼完成正確動作。

上面沒有提及的側身平板支撐，其基本要求是身體側向面對地板，而身體保持挺直。

吊環支撐和吊環外轉支撐

　　吊環支撐和反向吊環支撐是發展吊環專項肌力的關鍵。這些動作被安排在熱身活動中，因為他們還協助你發展許多直臂等長運動所需結締組織的強度。如果你對吊環感興趣，或想要訓練單臂引體向上，可以嘗試這些動作。

德式懸垂

吊環　　　　　　　　　　　反握　　　　　　　　　　　旋前握

　　德式懸垂會在後槓桿進展部分深入探討。這種靜態位置和移動轉換的過程（通常稱為貓式懸垂）對於發展肩部柔軟度及肩部、肘部結締組織的肌力十分關鍵。對於吊環運動員或想要發展高水準肌力的運動員來說，德式懸垂與吊環支撐及吊環外轉支撐同樣重要。

虛握

　　關於正握動作，增加肌肉肌力部分的討論更為全面：當你開始學習硬拉上環或上槓時，這是很重要的動作之一，因此現在就開始訓練吧。

肘手倒立

　　肘手倒立（Candlestick）姿勢是手倒立和頭倒立的替代姿勢。如果你是初學者，覺得還沒準備好進入頭倒立或手倒立，在熱身中加入這一個動作，有助於讓你習慣身體倒立和垂直方向的感覺。注意保持身體直立，不要下垂。

常見的徒手失誤

身體弓屈或下垂　　　　　　　　含胸　　　　　　　　背部凹陷／背部突出

屈臂／身體弓屈　　　　　　　　含胸　　　　　　香蕉狀手倒立，而非直立

　　以上是進行徒手訓練的一些常見錯誤。這些錯誤意味著人體在運動中或完成等長動作時不正確的身體姿勢，實際上，需要解決的是肌力不足。（儘管動作不正確，但錯誤動作更容易完成），如果你發現自己的動作錯誤，最好的方法是放慢當前的進度，並採用正確的身體姿勢完成動作。

常見縮寫

這些都是常見的徒手訓練縮寫，在本書中通常在進度表及討論相關徒手訓練的議題時使用。

常用術語	BW	體重
儀器設備	R	吊環
	PB	雙槓
	FL	前槓桿（與雙槓配對，也意指平面的意思）
身體和手部位置	BA	屈臂
	BB	屈體
	SA	直臂
	SB	直體
	Adv	進階
	Str	分腿
	Deg	身體和手部位置的角度（另請參閱：RTO）
	RTO	吊環外轉
	FG	虛握
動作	HS	手倒立
	HeSPU	頭手倒立伏地挺身
	HSPU	手倒立伏地挺身
	BL	後槓桿
	Inv	倒掛
	OAC	單臂引體上向
	PL	俄式撐體
	PU	伏地挺身
	PPPU	俄式撐體伏地挺身
	GH	德式懸垂
	RC	爬繩
	OA	單臂
	EL	肘槓桿
	Ecc	離心
	BTB	背後的
	Clap	拍掌
	Slap	手拍打身體部位
	BWD	向後的
	FWD	向前的

305

CHAPTER 24

多變化的手倒立

HANDSTAND VARIATIONS

手倒立級數──進度表第 1 頁，第 1 欄

前言

由於很多書籍都曾專門介紹過手倒立，因此這本書傾向於精簡介紹重要的手倒立技巧。很多細節是和肢體、平衡相關，較難用單純的言語解釋，與好的教練實際操作勝過一切。

手倒立不僅僅是展現美感，更重要的是在手倒立的過程，做出並維持正確的姿勢。正確的手倒立是身體關節呈直線、減少肌肉的過度用力，做出正確的姿勢將會減低手倒立的困難度並提升身體覺察，且成為往後其他徒手訓練的基礎。

同樣地，深蹲是基礎運動，而手倒立也是徒手訓練的基礎之一。如果缺乏徒手深蹲的經驗，較難進行負重的技巧像是前蹲舉、負重背蹲舉、過頭蹲舉、奧林匹克舉重動作。缺乏紮實的深蹲基礎能力，也將無法在其他運動上取得好成果。正確的手倒立動作和其他徒手訓練技巧的效果是相同的。

如果想要專精於徒手訓練，手倒立將會是每天必做的訓練之一。有些變化的方式像是倚牆手倒立即是一項容易進行但又不會過於危險的選擇。唯有不斷持續的訓練和精進手倒立的技術，才足以在未來產生成效。

我們要注意的是，技巧動作的表現，通常會根據穩定性和進步幅度呈鐘型曲線，並與持之以恆的訓練和過程相關。舉例來說，剛開始訓練手倒立時，通常會很容易失敗，但隨著不斷訓練而進步，失敗率也會下降，而自己身體的支撐時間會隨著訓練而增加。一開始也許只能支撐2秒，久而久之可以達到4秒、5秒，甚至偶爾可以撐到9秒。由此我們可以推測出以下2件事：

1. 身體能夠支撐的時間長度落在鐘型曲線的中段，通常這也是大多數人的結果，這表示不間斷地嘗試、訓練與能力有關。

2. 總會有做得比你好或壞的人。

不要一心想著要挑戰極限。最重要的關鍵是不間斷訓練技巧，維持一致的手勢是導向成功的關鍵。舉例來說，手倒立10次，可能的結果為1次0秒、1次2秒、6次4秒、1次8秒和1次10秒。目標將會是盡可能地維持4秒、並且加強穩定度，而不是將每一次的目標都設定為10秒。致力於呈現最好的（像是YouTube或Instagram等社群網站的貼文及影片）、改進不好的。發展較好的靜態及動態身體能力，動作的一致性是關鍵。如果在訓練途中感到疲憊或不協調，就大膽地休息。不需要將自己逼到極限、每次都要達到10秒鐘的支撐，因為這對於整體的強度訓練並不會有重要影響。

除此之外，在結束手倒立動作時，必需減少以腳尖落地還有身體翻滾的可能性。不能使自己習慣使用不正確的姿勢結束手倒立。必需告訴身體「當我達到一個極限，身體無法再支撐下去的時候，我就必需要脫困。」應該要告訴自己就算想休息，也要注意安全，不論是多細小的動作，特別在初學時期。每個人都想擁有良好的體態，如果沒有學著挑戰自己、維持正確的姿勢，1）肌肉無法從中建立良好的肌力穩定度，2）會培養出不好的習慣。

以下呈現幾點手倒立的概念：

- 盡可能地養成每天手倒立的習慣。
- 強調正確的身體姿勢。
- 專注於整體的一致性。
- 動作完整性固然重要，但要不斷挑戰手倒立，而不是輕易放棄。
- 訓練不見得會有完美的結果，完美的訓練才會造就完美。

在訓練的過程難免動作會不如預期，會遭受心理上的壓力還有挫折感。如果遇到疲憊想放棄的時候，先休息一下，試著深呼吸（鼻子吸氣、嘴巴吐氣），深呼吸會使心律恢復正常及增加專注力。在盲目的訓練之前，腦中以想像的方式，花一些時間想像接下來要做的動作實際呈現出來後會是什麼樣子。而這個方式可以運用在任何跟技巧相關的事情上，不僅僅只有手倒立。

倚牆手倒立—— 1 － 4 級

手倒立是組成身體重量訓練之前最重要的基礎，同時也是體操技能和身體律動的完整元素之一。手倒立可以有效伸展身體，這也是它足以成為優先技能的原因。倚牆手倒立（Wall Handstand,縮寫為Wall HS）為前四困難的倒立種類。在做倚牆手倒立之前，必需先留意以下的指示：

- 雙手與肩同寬。如果一開始沒有留意雙手之間的寬度，這將會影響未來做手倒立伏地挺身。
- 腹部與牆對齊。
- 雙手盡可能地貼近牆、並且不要搖晃。手腕與牆之間的距離掌握在2－6英寸（約等於5.08－15.24公分），此距離取決於身體的寬度。

- 雙臂必需伸直。
- 將身體撐高，手需將肩部推到最高（肩部呈現耳罩狀及腋下朝外）。
- 胸椎會完全伸展。胸部呈現垂直、直立的姿勢，也會間接使腹肌伸展。
- 骨盆將會輕微地旋轉。當站立時，下背為了伸展而呈現自然的扭曲，在導力的時候，這情況應該會稍微反轉。為了展示這個動作，輕微地擠壓髖部，同時腹部用力（試著將肚臍往後，朝脊椎伸）。這可以避免常見的錯誤發生，如誤成拱形。
- 雙腿導向中立，使身體的其他部位呈一條直線。除此之外還有一些小動作需要注意：為了使腳趾碰觸牆壁，髖部需要微彎。手離牆越近，髖部彎曲的幅度就越小。
- 膝蓋也必需打直，為了讓身體呈現緊繃狀態，指尖也必需伸直。雙腿併攏可以加強身體的緊繃感、也能有效維持正確的手倒立姿勢。
- 肩胛骨必需完全抬高，伸展到最高處時，可以微調，以保持身體的穩定。

上述這些肢體的提示都是為了要做出理想的手倒立：身體呈現完美的直線，沒有任何彎曲。由於身體將會表現出如同木板般僵硬的樣子，這時就可以在空中自行微調姿勢。進行微調時會運用到前臂及手掌（而手掌是貼於地板的）。為了能更有效控制，將手指盡可能地張開，以利於透過指尖釋放壓力，才能有效保持平衡。手撐地板的姿勢，將會在討論握力的章節進行深入探討。

如同你想像的一樣，在手倒立時，單用手腕撐起身體是相當困難的。新手在剛接觸手倒立時，常常改變肩部和髖部的姿勢，以保持平衡。這個動作會使肩部與身體和頭呈現垂直，而腳在完全伸直前，會不斷在空中移動。必需強迫自己做出正確的動作，否則會逐漸養成壞習慣，進而無法改變。完成一個維持1分鐘或以上的手倒立動作，主要使用前臂來進行（前臂必需有一定的肌力）。其他沒使用到的身體部位，會增加肩部負擔，進而增加肩部耐力。

上圖是有關腹部倚牆的技巧。首先由伏地挺身的動作開始，再來雙腿慢慢沿著牆壁往上移動同時雙手也逐漸向牆的方向後退。在進行此動作時，務必要保持身體呈直線，背部也不能彎（此動作可以避免失敗）。如果你是手倒立新手，可能沒辦法馬上完美地做出這個動作，順利地將腹部貼近牆壁，因此一開始不需要太勉強，以自己的舒適度、適應度為主。如果是初學者，最初只需要將腳尖碰到牆壁即可。時間一久，在做此動作時，便不再那麼辛苦，也會覺得將腹部貼近牆變得容易許多。

一旦變得熟練之後，即可將腳趾離開牆壁。為了避免翻覆、跌倒，可以用手腕和手指來調整姿勢，以便保持平衡。除此之外在移動腳趾的同時要避免背部彎曲、拱起。在手倒立過程中，需要移動、做任何調整時，務必使用手腕。

你也可以一次移動一條腿，以將雙腿離開牆壁（如上圖所示）。為了做這個動作，首先先做一個保持平衡的手倒立姿勢，先將一條腿輕踢離開牆壁，接著再移動另一條腿，在移動雙腿時，務必保持平衡、穩定。最後，依照自己的能力，盡可能地維持此手倒立姿勢。

當你變得更熟練之後，撐起雙腳離開牆上的時間將越來越長。你可以持續這個狀態15－20秒時，而你就可以把手倒立拆成2部分：1）抬起腳來做一字型手倒立；2）繼續維持一字型手倒立靠在牆上。一旦你可以始終如一地維持這個姿勢到30秒鐘甚至更久（當身體可以保持正確的平衡時），是時候能完全用手倒立的姿勢來走路了。

前滾翻站立

結束手倒立有2個基本技巧：滾式和腳尖式落地——腳尖如同芭蕾舞者般踮起。如果你是靠在牆上的手倒立，滾式是最好的方法——較好維持身體的姿勢，而初學者從一開始就使用腳尖式來落地，會養成不好的習慣，所以還是使用滾式較佳。

滾式落地是重心向前伸展，用背著地；如果你不擅長這個向前滾的方式，應該優先在軟墊或草皮上訓練。透過雙手用力，將下巴收到胸前，並將自己的重心放在脖子下方，順暢地滾出去。

手倒立落地的訓練是慢慢地彎曲手臂，這樣可以減少身體撞到地板的反作用力。做了之後，收起下巴至脖子的位置，並且彎起身體像是游泳水母漂的動作，身體重心會順順地幫你完成這個動作。以上就是一系列讓你可以更熟悉滾式的方法。

如果你不確定如何正確做出動作又或者擔心手倒立時跌倒，這裡有2種方法。第一種方法，是首要考量，是需要請人的幫忙。他們可以抓住腳或腳踝，幫你慢慢地滾動，直到你感覺更熟練。另外一種方法就是學習如何透過扭動身體來旋轉。

向上踢腿

弓步式手倒立（上圖），常常無法正確地表現出來。去感受一下當弓步式手倒立時，需要用多少力，開始用背倚牆訓練，確保動作是一致的。常理上，初學者應該遵從以下方式：

- 首先，要做出向上手倒立：直立的身體、雙手高舉過頭站立。這將會使向上踢腿手倒立變得容易許多，因為身體在做此動作時呈現直線。若沒有呈直線，身體的緊繃度不夠，會使

311

運動員很難控制自己的身體。雙腿應該要一起移動、手臂舉起超過頭、肩部要貼近耳朵、挺胸、核心及肩部必需維持緊繃狀態。

- 跟預備姿勢唯一不同的地方，就是腿部彎曲，這是身體旋轉時仍能維持直立的關鍵——把屈腿伸出的原因是不會影響預備動作完成的直體，和手臂過頭的姿勢。

- 把踢起的腿抬到身高約一半的高度。當要開始傾斜上半身時，將身體的重量放在那條腿上，以便於踢起另一條腿，然後做出手倒立的動作。做動作的時候要留意膝蓋的受力，以免承受過大的壓力，而傷害了筋骨。雙手一旦碰到地上，在手臂保持身體平穩的同時，腿也要向上踢起。利用腿筋的壓力來踢起腿。

- 在這個時候，雙腿必需同時在空中，高於身體——保持完美的體態。在學習的過程中難免會遇到問題。若在過程中無法保持直線（像是雙腿沒有併攏），適當的輔助是必要的。若不清楚自己的動作是否有問題，可在手倒立時錄影，或是找專業人士協助。

如果可以成功地做出弓步手倒立，表示身體狀態良好。只需要在將腿伸踢出去時，確保施力正確，以及確認壓力是從指尖釋放出去。如果不確定要施以多大的壓力，建議可以先從倚牆手倒立開始做起，如此一來可以知道要放多少的肌力。在經過多次訓練並熟悉這個動作後，把腿踢離牆壁時，身體將不再那麼容易搖晃。

要記得，背部倚牆手倒立可以拿來當作手倒立的基礎。這對缺乏肌力或不懂得如何將腹部貼近牆的人來說很有幫助。

支撐方式

平整式　　　　　　　　　　拱形式　　　　　　　　　　弧形式

有少數幾種不同的撐地方式：平整式、拱形式或弧形式。平整式和拱形式的姿勢沒有任何問題，但如果你是在做較高級的手倒立動作，應該使用弧形式的姿勢。弧形式會讓你手中產生更多的施力感，從而可以進行更高強度、更精準的姿勢修正，在做高級動作的時候，這是很有幫助的。

- 平整式相當容易理解——先將手心完整地撐在地上，這個手勢僅用手掌和手指，可能較難維持身體平衡。

- 拱形式（或像手中握顆雞蛋一樣），只用手指頂住和手腕撐地。這讓手倒立變得更輕鬆。
- 弧形式是有一點難度的。需先使手掌碰地板，然後像是手裡握顆雞蛋一樣讓指尖彎曲，但只能從指尖抓住，因為整個手掌仍維持貼著地板的狀態。這手勢會讓手與地板有3個支撐點：指尖、手掌和手指銜接處的那一小塊，還有手腕。如果想要更熟悉此姿勢，請搜尋以下網址 Shon Grosse：http://shongrosse.com/2011/08/the-cambered-hand-pushup/

如果你向前跌倒了，就會像狗埋骨頭一樣的姿勢撐地。如果你往後倒下，需透過手掌來分散重量，另外，弧形式還能協助在手倒立上存在平衡感問題的人。要學會這些新姿勢，會需要一些訓練。

手倒立──不適用級數

圖上沒有這個動作，但一定要認識。透過正確實施倚牆手倒立，可以更完整地建立相同的身體姿勢。頭倒立會對頸部施以非常大的壓力，不建議初學者操作，其他階段的訓練者也最好在教練的指導下再做。

如果還是想操作頭倒立，須了解以下幾點：身體姿勢與手倒立相同。在手倒立的狀態下，重心是被放在頭和手形成三點的姿勢。意思是說，你可以畫一個三角形在地上，而且三角形的角可以各對應頭和雙手。然後你可以用頭和手倒立的姿勢去維持重心在這三點之間。

徒手倒立── 5 級

徒手倒立（Freestanding Handstand，縮寫為Free HS）簡單來說就是不倚牆的手倒立。所有技巧與倚牆手倒立相同。大多數人都會先嘗試較容易的倚牆手倒立，再挑戰不依靠支撐物的手倒立。

肩胛的姿勢：肩胛骨必需完全伸展。在伸展到最高處後，可以輕微收回，以保持平衡。

如果現在走進一間健身房，請在場所有人手倒立，將會看到此情形：技巧好、有經驗的人，做出的姿勢比較完美、標準；相對地，經驗不足的人，就無法做出符合標準的姿勢。手倒立是所有體能訓練的重要基礎之一。當熟悉並專精於手倒立，再做身體上的轉動、扭轉和其他律動時，將會容易得多。倒立可以讓我們從相反的姿勢看出運動員的本體感覺和身體知覺，因為它和正常的身體姿勢剛好相反。

在完成地板上的手倒立後，可以試著使用雙槓還有吊環。吊環式手倒立及單臂手倒立將會測試體能的基礎。雙槓手倒立就容易得多（因為有握把可以握、方便施力），但就安全問題來說，在地板上是最安全的，特別是對於剛完成倚牆手倒立還有剛接觸此動作的新手。如果對前述章節的動作還不是很熟悉，必需一步一步重新開始。

操作動態及靜態動作時，可以試著減少身體的搖晃。在動態律動上，大家都希望能夠不搖晃、垂直地將腿踢起，但這需要很多的訓練，操作起來才不那麼費力。當然沒有人想要受傷，不論是失去平衡還是因為身體彎曲而傷了手腕還有背。靜態動作來說，只需保持身體的穩定，如果要調整姿勢，用手腕即可。

一旦完成這個動作，接下來只需要持續、盡可能地每天訓練。如果需要更多資訊或想要深入了解，可以參閱以下網址：

- Valentin Uzunov's "The Handstand: a four-stage training model－http://docslide.us/documents/the-handstand-a-four-stage-training-model.html
- GMB's handstand tutorial－https://gmb.io/handstand/
- Natalie Reckerts's handstand tutorial－http://youtube.com/watch?v=Lz7a6eOb4Hs
- Antranik's comprehensive handstand tutorial－http://antranik.org/comprehensive-handstand-tutorial

單臂支撐徒手倒立—— 6 － 9 級

在上述的圖片中，會發現手倒立的姿勢很多樣，首先我們可以嘗試單臂手倒立。在所有手倒立的種類中，包括單臂支撐、用手指保持平衡（但是每種手倒立用到的手指都不相同）。從左到右都是不依靠支撐物的手倒立，依序為：使用4隻手指的級數6、3隻手指的級數7、2隻手指的級數8、1隻手指的級數9。

在單臂手倒立時使用牆壁當輔助，並沒有太大的用處。但網路上卻有很多倚牆單臂手倒立的照片。儘管倚牆手倒立可能會使照片變得有趣，而功用只是讓身體有個依靠、加強肌力與體能，但對於平衡並沒有太大的效果。

在開始學習單臂手倒立時，必需先確保自己在手倒立時身體是呈直線的，單臂手倒立是一個漸進式、緩慢將身體重心由雙手改為單臂的手倒立。雙腿張開手倒立可以降低身體的重心，做這個動作也不會那麼費力。將雙腿張開，手的壓力將會增加，在調整姿勢時也會變得困難。當有足夠的經驗後，可以嘗試緊閉雙腿，以挑戰自己。

分腿的手倒立需要穩固的手倒立經驗，因為在做這個動作時，核心不是非常穩定，需要緊繃的身體狀態來調整手腕，在過程中找出正確的身體重心且保持平衡。可以緩慢地減少支撐於地的手指數，首先移動小指，依序移動無名指，最後是大拇指（到最後是整隻手）。

由於保持平衡在此技能中是相當重要的，增加握力的力度會影響做出此動作完整的速度。無名指的關節為單臂手倒立的中心（是依據人體測量學所提出的），然而加強末3根手指的肌力，可以有效強化身體的支撐能力。

堅固平穩的地板或手的平衡能力都會影響到動作是否精確。在堅固平穩的地板上操作會使手指能夠自然地支撐身體。

單臂手倒立的關鍵與不依靠物體的手倒立相似，支撐於地的雙手除了要保持平衡，我們更應該固定肩部的位置（靠在耳朵旁邊），然後慢慢將身體重量從雙手轉移到單臂。在轉移身體重心的同時，由於手臂變為單臂，一開始我們可能會用全部的手指來支撐，但隨著訓練的次數增加、經驗的累積，最後一定可以成功減少手指的使用數量。

如果覺得在轉移重心時身體在搖晃，對得花更多的時間訓練。在單臂手倒立時，最重要的就是利用手腕保持平衡。如果做錯、用錯重心、身體及核心會搖晃，會使動作變得更困難。

學習到一定的程度之後，你會發現，手的重心會轉換到無名指的第一節關節。這個身體重心轉換的階段對此動作來說是正常的，所以我們要試著習慣。在做這個動作時，手指關節難免會疼痛，加上無名指和小指會承受身體的壓力，所以關節的保養、照顧是很重要的。若痠痛感沒有好轉，先休息個幾天，讓受傷的組織有時間自行恢復。

Yuri Marmerstein，一位來自美國洛杉磯的自學雜技員，曾寫過一本名為《Balancing the Equation》的書，有一個部分是在介紹單臂手倒立，而接下來也會提到作者在書中介紹的觀念。

徒手倒立單臂觸肩——不適用級數

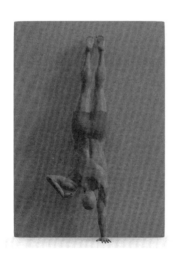 

不依靠支撐物的手倒立，手觸肩部篇（Freestanding Handstand Shoulder Taps，縮寫為Free HS Shld Taps）並不包括在進度表中。手倒立時手觸肩部是一個動態且為保持平衡感的中級技能。此動作的目的是同時放鬆另一隻手又能保持平衡。是一個可以提供運動員良好動態穩定的單臂姿勢。

這個動作也可以使用牆壁來輔助，但務必要遵守相關規定，包括背部不能呈拱形、肩部的角度要正確。這個技巧對於單臂導力來說非常重要。對於學習動態肢體動作來說，這也會是重要的輔助訓練，特別是如果需要加強手倒立的技巧，或是未來想要嘗試邊手倒立邊走路。

手倒立走──不適用級數

手倒立走對於單臂手倒立來說，是個相當好的訓練。維持正確的身體緊繃程度是很重要的。如果你可以手倒立走，那可以試著在走路的同時，身體不要彎曲。

雙手併攏手倒立──不適用級數

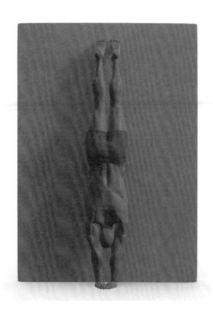

這是另一種在做單臂手倒立時可以嘗試的動作。當呈現這個技能時，我們可以漸進地移動雙手，讓雙手慢慢靠近，並將身體重量緩慢移動到一隻手上，最後將會呈現單臂手倒立的狀態。這個運動並不是一個必需做的動作，但是為了訓練體能，可以嘗試看看。

單臂手倒立—— 10 級

Yuri Marmerstein是來自洛杉磯自學的雜技員。在這個章節將會分享他在手倒立方面的知識。

單臂手倒立是非常複雜的技巧，相對於基本的手倒立，單臂手倒立需要很多的努力、毅力及多次嘗試，你可以1週訓練5－6次，幾年之後，就會專精於此技能。

平衡感對於維持身體重心來說相當重要，等同於打下良好的基礎。基本上要避免自己跌倒。在兩隻手的動作上，我們可以分為2個方向，向前及向後。這對於輕微調整動作來說相當容易。然而，身體的重量必需全部放在其中一隻手上，而且還要保持平衡、避免左右搖晃。這表示一不小心可能使身體倒向各個角度。在做這個動作的時候，肩部同樣承受一定的壓力，以保持身體的穩定。在保持單臂平衡時，若沒有好好穩住身體的重心，可能會搖晃然後跌倒。

我不是要潑冷水，只是想說得實際一些。這也是為什麼多數人學習這個技巧時，多半都只是想像，很少人真的能成功。這並不是隨便做做就能輕鬆學習的一項技能。為了能夠精通於此，至少要有一點熱情。

還是很有興趣嗎？

以下是嘗試單臂手倒立的事前準備：

- 在做雙手倒立時，至少要能維持60秒的平衡。必需持之以恆，而且每天訓練，在做手倒立時，要考慮到身體的動作是否標準。身體保持得很好、很挺直才是正確的。儘管如此，就算沒有做對姿勢，也同樣可以成功手倒立，只是會費力得多。

- 接下來要朝著雙手倒立達人的封號前進，這表示我們可以任意轉換動作，像是移動頭、手、肩部、腿、背或其他想得到的部位。一開始可以一次嘗試移動1個關節。隨著熟練度增加，可以一次移動多個關節。

- 除了將身體保持直線，還有很多可以讓腿伸展的動作。如果想要更熟悉定位位置，腿要與身體對齊，然後再慢慢將腿向外伸展，且保持垂直。

- 另一個概念，除了遵守規則，更要打破既有的規則。這對保持身體的整齊、穩定有很重要的影響，但當你在手倒立的狀況下是不易察覺的。打破規則是指背部彎曲、肩部不打開，還有其他姿勢。

- 還有一個可以嘗試的律動是在雙手撐起身體時，扭轉髖部。在移動腿的過程中，左右交替，像是跨腳一樣。也可以嘗試另一種姿勢，旋轉髖部及將身體保持直線狀，為的是讓身體強烈地感受到這個動作。旋轉身體對於將雙手轉換成單臂手倒立時，是很重要的關鍵，也可以成為動作是否需要調整的依據。

- 其中一個關鍵要素是，要時常檢查手倒立走這個動作是否完整、標準。我在剛接觸手倒立

的第一年時，並沒有著重於維持平衡，反而花了大部分的時間在訓練手倒立走路。我不認為這對於初學者來説是一個理想的初級階段，然而當我開始學習單臂手倒立時，並不會有太多技巧、技術上的問題。近期我和一位男士合作，他在平衡感方面非常精熟，卻不太擅長手倒立走，這表示他對於自己身體重心的轉換不太熟練。儘管手倒立走路是靠雙手間不斷反覆交替支撐身體重心的變換，與保持平衡並無太大關聯。順道一提，手倒立走路對於肌力的控制還有肌力的訓練很有幫助。

- 在手倒立時，手在地板承受的壓力相較起來是比較小的。所以要做出慢舉手倒立，必要條件為固定、穩定的姿勢。

- 手倒立伏地挺身帶來的效果並不如單臂手倒立來得好，但對於上半身的鍛鍊來説是很重要的。儘管這不是必需的動作，但多訓練對單臂手倒立也有好處。

- 最後一個必要條件與精通於手倒立撐還有慢舉手倒立相關。能做出多種手倒立姿勢是一件好事，能夠有效加強肩部的肌力還有身體的柔軟度。

在了解所有事前準備後，就可以開始進行訓練了。第一件事是先做出單臂手倒立。這不是看起來的那麼簡單，當中有很多重要的小技巧，像是如何轉換身體重心。基本上來説，心情放輕鬆，不要想太多，自然就能做出完美的動作了。最基本的要求，當手臂在做身體重量的轉換時，務必要跟身體保持垂直。

接著我要用最簡單的方式形容如何轉換手臂的重心。假設肩部的寬度正確，他們就會呈現垂直。在手倒立的過程，可以自己設定一個適合自己的肩胛位置。如果雙臂已經呈現垂直，那在轉移重心的過程，手臂不須做額外的調整。只需要調整身體，以保持平衡。在嘗試單臂手倒立的過程中，可能會遇到懸空的那隻手臂輕微搖晃，這時不要對轉移肌力的手臂做任何調整。支撐身體的手臂會感到些微壓力，但這種緊繃壓力感會在轉移重心時逐漸消失。頭部的姿勢則從頭到尾都不會改變。

你都怎麼轉換身體重心？通常是在移動手臂的過程，稍微挪動髖部，使髖部與手臂同方向移動。接下來要分享2個方法，儘管各有優缺點，但依舊值得嘗試：

- 首先，是經典的從「耳朵到肩部」支撐於地的手需要用力將身體推高，同時將頭靠近撐地的那隻手，這可以使動作結果更完美、精確，但也會增加困難度。

- 第二個方法與之前提到的相反，在轉移身體重心時，頭要遠離支撐於地板的那隻手，這可以使身體平衡。這在非體操相關的運動員之間是很常見的一個訓練方式。如果你有足夠的肌力來支撐自己，這個方式會比較適合你。

若你能一一做到各種不同的手倒立姿勢，這將會是一個簡單的動作。然而，一不注意，支撐身體的手就有可能在轉換重心時失去平衡。

從伏地挺身的姿勢開始是最簡單的。一旦可以做出這個姿勢，接下來就可以挑戰胸倚牆手倒立。這與伏地挺身手倒立的概念相同。將髖部的重心移動到某一隻手，繼續保持肩部的張力，髖部挺直的狀態，不能在轉換重心時同時移動髖部。請記得，一定要了解身體重心轉移的概念。

為了能夠近入下一個階段，要在手倒立時增加重量轉移。一開始慢慢地做動作，漸漸地將身體的重量從一手轉移到另一手，轉移重量的那隻手會感到越來越輕鬆。兩隻手都要輪流當轉移重量的手。做這個動作最重要的是，要能清楚感覺到在做轉移時，兩隻手能夠清楚感覺一隻是輕鬆的而另一隻不是。

在做腿部姿勢時，發現到利用分腿姿勢跨坐位置學習單臂手倒立是簡單的，可以使髖部變得有活動力。有很多人在做這個動作時會感覺到很輕鬆，儘管在維持平衡的過程中需要投入很大的力氣。

若能輕鬆完成這個動作，接下來的階段將會只需要單靠手掌來支撐。這個動作將會使身體更傾斜，並將身體重量放在支撐於地的手臂上。就像之前一直強調的，支撐於地的手必需保持垂直。

一旦你可以用手指將身體撐起來，接著可以試著彎曲懸空那隻手的手肘。若不釋放懸空手的壓力，會影響到接下來的動作。

用指尖來維持平衡是一個亟需耐力、令人備感沮喪的過程。通常沒有毅力的人會就此放棄。因此，我建議大家在嘗試下一個階段時，要先確定自己有足夠的體力能夠撐30秒。若能再加上腿部的動作，將會更完美。

若很勤勞地每天訓練，將可以花幾個月完成這個階段。若支撐不下去，也請不要放棄，一定要戰勝自己，努力下去。

如果想要在分腿和直體這2個姿勢持續維持30秒，必需先加強手臂及指尖肌力。也可以試著在這30秒內努力支撐，不要隨意放棄。不要因為失敗、站不穩而落地，而是憑藉意志自己落地。

在單臂手倒立的時候，可以選擇利用一隻手指或全部的手指來支撐自己，當你懸空的那隻手感覺不到任何壓力時，就是做對動作了。在移動身體重心時，必需注意支撐於地的手已經掌握大部分的重量，才能將要懸空的手漸漸抬起，以免自己向後跌倒。

如果在過程中覺得自己快要撐不下去了，可以用懸空的手來輔助，將其輕觸牆壁，這可以為單臂手倒立增加平衡感。做任何生澀、不擅長的動作都有可能使身體失去平衡。我習慣用手肘輕靠地板做支撐，以維持肩部的位置。這時候手臂可以呈垂直狀，但空閒的手的肩部將會承受較大的壓力。目標將會是延長維持此動作的時間。在必要時觸碰地板、牆壁，對自己來說是安全的，因為這可以有效穩定身體、防止跌倒。

一旦越來越專精，接下來就可以靠一隻手臂完全將身體支撐起來。說的比做的容易。在將身體舉起的過程中，將不會用到身體的其他部位。空閒的手不會感覺到任何重量。

即使有很多舉起手臂的方法，但我偏好源自芭蕾中的代弗洛佩（développé）。比起一口氣舉起手臂，此動作將被一步一步完成。這對身體造成的影響較小。首先從手肘開始、接著是手臂、伸展前臂，再來是整隻手。在做這個動作的時候，必需非常小心身體平衡，不要太專注於移動手臂，反而要更注意支撐於地的那隻手。基於此原因，我建議可以先從伏地挺身或胸倚牆手倒立開始訓練。完成後你將會從中學到很多跟手倒立相關的知識、技巧。

在一開始做單臂手倒立時，不需支撐身體的那隻手最好靠近地板，避免單臂撐地時，身體突然不穩定而跌倒。在快要跌倒時，手臂能快速支撐自己，在下一次起步時，也能比較快速。很多人都希望自己可以成功挑戰單臂手倒立，但最終真正能成功的都是少數人。

在這考驗耐心的階段，你會學習到很多事，不外乎是如何做到。活到老學到老，這世界上有很多值得我們去學習的，不論是複習已學會的事物或接受新知。光是保持手部動作的平衡就可以花掉一大半時間了。唯一不能鬆懈的就是不斷投入熱情。

我可以給的最後一個建議就是找一個教練，而且是能夠找出你問題的人，有很多問題是無法憑一己之力解決的。再來告訴你一個小技巧，偶爾換個角度看事情，也許會得到大大反饋。即使你可能已經知道了，但聽到其他人說出來也許會帶來不少益處。

我給的意見是：許多技巧除了文字的敘述外，本書更提供了影片檔。若想要查詢更多相關資訊，可以到Yuri Marmerstein的網站，或是到YouTube搜尋Steps and Preparation to Achieving One-Arm Handstand的影片。

- Website：www.yuri-mar.com
- YouTube：www.youtube.com/user/bar8nmunchausen
- Steps and Preparations for OAHS video：www.youtube.com/watch?v=ytjIgIe5CVQ

吊環手倒立──進度表第 1 頁，第 2 欄

吊環肩手倒立── 5 級

肩胛位置：肩胛動作呈下壓狀態（但不能使肩胛向內縮或向下延伸），此動作為的是讓肩部保持平衡，以有個穩固的基底。

身體姿勢：手肘朝向身體前方，並緊緊地靠在身體兩側。手臂必需完全彎曲，手將會與肩部高度相同。身體保持直線，若身體適度地彎曲，將能更有效率地控制自己的身體，此時身體可能會稍微凹陷。

吊環手倒立在進度表第1頁的第2欄。首先，吊環手倒立（Rings Shoulder Stand，被縮寫為R Shld Std）。吊環手倒立的技巧始於在吊環上做出顛倒的姿勢。所有動作包括維持平衡及隨後的吊環動作都和手腕有關，像是在地板、伏地挺身架和手部平衡器上做手倒立。你不應該停止訓練這些特殊人體動作，經常訓練可以加強自己在各方面的技巧，亦可鍛鍊自己的體能。當維持這項能力時，將展現整體技巧、訓練度及肌力。

當你開始訓練此動作，最好降低吊環的高度，越靠近地板越好，除此之外，放置墊子及枕頭在動作範圍內，以防跌倒或在需要以翻滾姿勢落地時發揮保護的作用。如果必需要使用高度較高的吊環，一定要先學會前滾翻（將前滾翻當作落地時的動作），至少訓練10次前滾翻，才能嘗試任何一個在吊環上的動作。學習飛行前必需學會如何著陸，在完成一件事以前也必需循序漸進、按部就班。若身旁有教練或夥伴陪同監督，將會事半功倍。

以肩立的姿勢開始做翻滾的動作是危險的，就與在地板上手倒立翻滾相同。首先要將吊環拉向胸部，手臂出力呈現緊繃狀態，以免向外傾斜、再將身體蜷曲呈現球狀。這個動作和在地上前滾翻是相同的。在翻滾結束時，你會在團身的動作中被拉到最高點。

在吊環手倒立前，要先以L型坐姿開始。此姿勢將會讓自己更好出力，以利於將身體反轉（將髖部抬高，與頭部位置交換）。訓練達精熟後，便不需要使用相同的肌力，就能精確地使髖部的位置高於頭。在將髖部向後抬起的同時，身體可以向前傾斜、屈臂。此時會有2件事情同時發生，髖部慢慢向上並在吊環間抬起，此時手肘要避免彎曲。若屈臂太快、就無法順利在吊環上手倒立，許多初學者因為不清楚、沒注意到細節，在嘗試幾次都失敗後，便容易放棄。在開始這個動作之前，一定要很熟悉基本動作，並有穩固的基礎。

　　髖部一旦向上提起並在雙環中間，若要調整肩部動作只能用手腕。吊環必需向自己胸部方向緊緊擠壓，也要小心不能擠壓得太大力，以防重心不穩而向內傾斜。操作者一定都希望吊環可以像伏地挺身架一樣好控制，所以要保持吊環的穩定性。在做這個動作時，身體無法避免會輕微地搖晃。當移動雙腳至高於頭的位置時，要使用手把控制位置，確定自己盡可能地拉緊吊環。

　　在學習的過程建議以屈體動作進行。大部分的人會發現從團身位置雙腿也較容易抬起，但是在團身平衡中，卻很難用手腕控制、避免向前或向後傾斜。屈體時，儘管它最初較難完成，當移動雙腿時，會以骨盆為平衡支點。因為吊環本身是不穩定的，因此增加輔助將會提升平衡感，進而達到動作的正確率，也能同時縮短訓練時間、次數。

　　將雙腿抬起、身體保持直體時，身體會稍微失去平衡。當吊環被拉到胸前，與肩部位置相比雙腿不會直接超過頭部。假如不習慣這個動作，可以試著將雙腿張開，並讓雙腿接觸到兩側的吊環繩子。即使你已經對安全規則相當熟悉，也不能在手倒立姿勢或肩部動作時使用腳尖。

　　當雙腿向上抬起並碰觸到吊環的帶子時，緩慢地將雙腿併攏。如果需要保持更多平衡，可以先將腿碰觸到兩側的吊環帶子，但是最終的目標會是能夠以雙腿併攏的姿勢呈現。在雙腿慢慢靠近的同時，務必要保持身體的垂直。手腕將是關鍵，在腿離開吊環拉繩的過程中，需迅速地利用手腕維持平衡感。

　　這個動作的關鍵在於，利用手腕操作、控制整個動作。相較於手倒立，在呈現這個動作時，手更靠近身體，因此手腕在此動作中被視為重要的一環。當了解手腕的重要性後，吊環手倒立就不再是很難的動作了。

　　如果使用吊環手倒立對你來說有點困難，不是那麼好上手，可以先從固定的輔助器材開始，例如雙槓（如上圖所示）。使用雙槓和吊環最主要的差別在於手肘的姿勢。使用雙槓時，手肘是往外而且向兩側伸展。當身體保持直線時，用手來控制動作，以防翻覆、傾斜。

環帶手倒立── 6 級

肩胛位置：肩胛須先上提到最大，然後再慢慢縮回，調整到最正確的位置。若缺乏肌力，肩部將無法正確、完整地伸展。

身體姿勢：身體必需保持直線──從手、肩部、髖部、膝蓋到腳。最初會將吊環向內、手臂貼著吊環的帶子。做出此動作後，還可以嘗試轉動吊環方向。

要做出最完美的環帶手倒立動作（Rings Strap Handstand，縮寫為R Strap HS），關鍵在肩部。一開始若極度彎曲手臂，將會越難呈現完整的手倒立。將彎曲的雙腿、勾著吊環繩子的腳從彎曲的雙臂移動，此時會呈現半完成的手倒立。最後，利用腿部的肌腱肌力彎曲膝蓋，沿著吊環的繩子移動。

接著要在這個手倒立中，提醒幾個重要的小地方。身體必需是筆直的。手肘若不小心彎曲，手倒立雖然會變得輕鬆，但施力的肌肉部位卻是錯誤的。因此，為了避免施力錯誤，在最高點的位置時，務必記得固定手肘姿勢，還有將肩部推至耳朵旁。這個步驟將會把施力點、平衡點固定在肩部及手肘。肩部的肌力是支撐整個上半身的關鍵。從單臂手倒立到槓鈴上舉，肩部的保護措施要做好。平常也可以多多訓練手倒立、手倒立伏地挺身、俄式撐體及臂屈伸等可以幫助加強肩部肌力的動作。

在完成直臂手倒立之後，下一個目標將會集中在腳。因此在上述動作中，如果想把腳從吊環繩子的外側往內移動，這會使身體的動作更筆直，也會鍛鍊到肩部，肩部必需出更多力來穩固身體。

應該要對前兩個提到的動作感到熟悉，而運動本身也要訓練這個動作。許多初學者在剛開始都會轉動吊環，覺得這樣會降低手倒立的難度。儘管真的可以讓初學者更快速地將腿抬向空中，但會更難做出完整的手倒立。一開始要強迫自己手臂不要貼著吊環的繩子，如此一來可以得到更佳的平衡感，也可以鍛鍊手臂的肌力。循序漸進地訓練，有朝一日將能夠使兩手的吊環互相平行。

許多健身教練強調在做手倒立時，能夠緩慢地移動兩手的吊環，轉動45度。以上提及的動作超過這本書會提及的範圍，但依然鼓勵大家嘗試將吊環做到兩邊平行。這對自己來說有益無害。

吊環手倒立—— 7 級

第一張圖的身體看起來是筆直的，但和右邊的比起來，是不是就沒那麼直了呢？

肩胛位置：首先，一樣是先將肩胛做最大的上提，接著再視情況微調，慢慢收回一點。儘管你已經對吊環手倒立感到很熟悉，肩胛的動作也都正確，但在一開始，難免會遇到屈臂或肩部上提得不夠多。

身體姿勢：身體一樣要保持筆直，首先，將吊環向內拉，並將手貼在吊環的繩子上。接著慢慢地移動吊環，最後向外轉動吊環。可以在做動作時錄影，這樣可以檢討自己動作哪裡不夠紮實。

吊環手倒立（Rings Handstand，縮寫為RHS）是環帶手倒立的延伸，但多了兩個新目標。與其緩慢移動肩部，完成手倒立，這裡更建議可以直接做出一個完整的手倒立。不能一鼓作氣呈現也沒關係，多嘗試，勤能補拙。第二個小目標是，盡可能地不要依靠吊環的繩子作輔助，次數越少越好。

在肩部動作方面，為了能讓髖部更好施力，可以從屈體或屈體分腿開始。適度調整自己的姿勢，可以更正確地完成每一個體能動作。有發現基本功對於後面更進階挑戰的影響了嗎？

務必記住，當身體呈現向上的姿勢時，手腕是控制動作和維持平衡的關鍵。若需要輔助，不要逞強，可以使用一旁的繩子，但隨著訓練的次數增加，可以試著減少使用輔助器材的次數。稍微上手後，維持平衡的方法也許會從需要雙腳纏繞吊環的繩子，變成利用腳趾輕輕靠在繩子上。越努力就能越快成功。

當我們可以做出吊環手倒立位置時，記得將吊環向外轉，以及盡可能地伸展肩部，對腹部還有對髖部肌肉施力。在做吊環手倒立時，背部會比在地板上手倒立更容易彎曲。此時要保持身體筆直是相當困難的，因此需要加強肩部及核心肌力，並且要有耐心和多訓練。

此動作是體操評分規則A級技巧。

手倒立伏地挺身——進度表第 1 頁，第 3 欄

手倒立伏地挺身的關鍵在於擁有良好的身體狀況，若身體很容易搖晃，或體能狀況不好，將會阻礙運動過程。

屈體手倒立伏地挺身—— 1 級

肩胛位置：上提肩胛。頭向下，肩部自然就會下壓。一旦當頭貼近地板，雙手就可以將身體撐起，回到一開始上提肩胛的姿勢。

技巧：將手和腳放在地上，像是屈體位置一樣。彎曲雙手，將身體的重量放在手上，越多越好。當你彎曲雙手，要記得將手肘收進來，靠近身體，不能將手肘向外伸展。頭會和身體呈一條線，再往下貼近地板時，可以讓臉貼近地板。這個動作就是不斷重複上述動作。

此動作的最佳建議是，將身體重量放到手上時，手絕對不可以搖晃甚至翻覆傾倒，像是在做屈體位置（Pike Headstand Pushup，縮寫為Pike HeSPU）一樣。這將會使用到肩部、三頭肌還有上半部的胸部肌力。肩部的角度越開越好。在做這個動作時，可以想像是要往天空靠近一樣，只是我們是往下伸展。

當你在做下壓動作時，不能將手肘向外張開。上手臂必需與身體保持平行（手肘必需平穩地固定在身體的兩側）。手肘如果向外伸展，將會阻礙到後續動作的技巧，特別是在勞累、體力不佳時，容易將手肘向外伸，因此必需很注意自己的每一個小動作。

箱下手倒立伏地挺身—— 2 級

　　肩胛位置：上提肩胛。頭向下，肩部自然就會下壓。一旦當頭貼近地板，雙手就可以將身體撐起，回到一開始肩胛上提的姿勢。

　　技巧：將手和腳放在地上，像是屈體動作一樣，接著將腳放在箱子、椅子或任何堅固的表面上。雙手彎曲，將身體重量放在手上。當你雙手彎曲，要記得將手肘收進來，靠近身體，不能將手肘向外伸展。頭會和身體呈一條線，再往下貼近地板時，可以讓臉貼近地板。一碰觸地板，即重新反覆不斷按照步驟訓練。

　　箱下手倒立伏地挺身（Box Headstand Pushup，縮寫為Box HeSPU）是利用不同箱子的高度來訓練，依照不同箱子高度來決定肩部張開角度及手臂承受壓力的多寡。

　　當你在做這個動作的時候，如果肩部或三頭肌的肌力不夠，身體會向前傾。反過來說，若沒有保持足夠的平衡，身體將會把重量放在腳上，以減緩手臂的壓力。如果可以，盡可能地不要讓上述狀況發生。除此之外，不要過度壓迫頭部，要注意不要造成頭部受傷，或其他更嚴重的傷害。

倚牆手倒立離心式伏地挺身—— 3 級

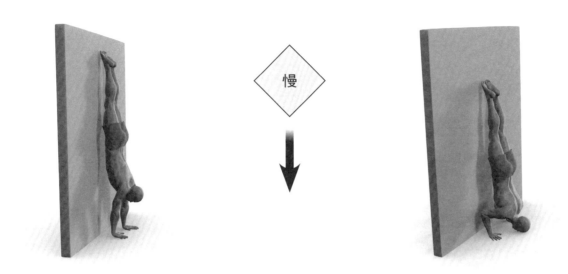

肩胛位置：一開始先上提肩胛。當頭朝地板靠近時，肩部會逐漸下降，手肘也會一起往下。

技巧：首先，做出倚牆手倒立，身體完全挺直，腿稍微接觸到牆壁即可。在屈臂、身體下降的同時，肩部不要打開。維持姿勢，身體緩慢下降。在身體下降的同時，身體務必要保持挺直，不能彎曲。

倚牆手倒立離心式伏地挺身（Wall Headstand Pushup Eccentric，縮寫為Wall HeSPU Eccen）是箱下手倒立伏地挺身的進階。在這個動作中，你本身已經學會怎麼控制全身的重量，但還是需要倚靠牆壁作為輔助。

如果要做出更標準的動作，可以從腹部貼牆的手倒立動作開始。若還不是很熟悉，可以嘗試背部面牆位置，但由於腳跟貼牆，可能會使你本身的背彎曲。在做下降動作時，試著將手靠近牆，越近越好，以避免彎曲。

由於這是一個介於箱下手倒立伏地挺身和倚牆手倒立伏地挺身的中級動作，可以採用5－10秒的離心運動。當呈現這個動作時，需好好控制自己的身體，避免手臂受傷。

倚牆倒立伏地挺身—— 4 級

肩胛位置：上提肩胛。當頭朝地板靠近時，肩部會自然往下，屈臂時，手肘會與肩部靠近。當頭碰觸到地板後，要將身體向後推，回到最初的開始動作。

技巧：從倚牆手倒立開始，身體呈現完美的筆直狀，腳尖輕微碰牆。如同上方圖所示，在手肘彎曲的同時肩部不要向外擴張。在頭部下降的時候，身體要保持垂直，不能彎曲，當頭碰觸到地板後，要將身體向後推，回到最初的開始動作。透過三頭肌和肩部向上推起，最後像耳罩一樣覆蓋著肩部。

以上是當大多數的人聽到手倒立伏地挺身時，腦中會出現的畫面，然而倚牆倒立伏地挺身（Wall Headstand Pushups，縮寫為Wall HeSPU）並不是一種精確的手倒立伏地挺身（因為動作在頭部接觸地板時結束），而是歸類在一種身體強度、身體控制的技能或表演。

這個動作的關鍵是：相同的離心運動，控制和維持正確的身體姿勢。目標要建立良好的身體肌耐力，而不是盲目地重複相同的動作。

彎曲背部是在手倒立過程中最典型問題，產生問題的原因很多，而疲勞佔最大宗。在身體疲勞時，會不自覺地使用其他部位的肌肉作為輔助，以減輕自己的壓力。但這是不被允許的，因此要避免因為疲勞而用錯肌肉。

良好的手倒立伏地挺身和其他相關動作建立在良好的體態、肌肉控制及肩部肌力上。當身體彎曲時，斜方肌和胸肌會變成主要運動的部位。這不僅會用錯神經系統，也會在錯誤的肌肉部位上施力。

除此之外，彎曲身體還會減少核心及臀部的壓力。

倚牆手倒立伏地挺身── 5 級

肩胛位置：上提肩胛。當頭朝地板靠近時，肩部會自然往下，屈臂時，手肘會與肩部靠近。肩胛緩慢下壓。當頭一碰到地板時，身體會被向上推起，回到最初的動作。

技巧：從倚牆手倒立開始，身體呈現完美的筆直狀，腳尖輕微碰牆，與之前不同的是，手緊握伏地挺身架或其他有類似功能的輔助器材。如上圖所示，在屈臂的同時，肩部不能向外擴張。在緩慢下降的同時，身體要保持穩定。確保身體是挺直的，不能彎曲。當頭碰到地板時，身體會被向上推起，回到最初的開始動作。透過三頭肌和肩部向上推起，最後像耳罩一樣覆蓋著肩部。

倚牆手倒立伏地挺身（Wall Handstand Pushups，縮寫為Wall HSPU）需要將手放在一個額外的輔助器材上。這個動作稍微有些困難，當肩部肌肉和三頭肌在伸展時，需要有一定的技巧。

你可以使用任何東西來輔助舉起手，但要以安全為優先考量。很多人沒有使用伏地挺身架，用地墊代替也可以。其他像是木製的箱子、一般的箱子甚至椅子也可以，只是以上這些物品可能比較危險。不管挑選什麼樣的東西作輔助，安全為第一考量。

在做這個動作的時候，可以用背向式面牆姿勢，對初學者來說，這個動作會比較好下來，也不容易受傷。也要多訓練前滾翻以免身體受傷，或是在緊急時可以安全落地。

這個手倒立姿勢的關鍵在於，維持三頭肌和肩部的緊繃。若在動作過程中身體放鬆了，身體就沒辦法再次回到緊繃的狀態。這個動作對其他三角頭手倒立伏地挺身來說，屬於較進階的動作，多數人無法完整地做出來。為了能夠完整做出，有2個選擇：第一個，也是比較推薦的方法，利用負向／離心。若不能確實壓緊自己的身體，可以試著降低身體，越低越好，直到自己可以安全地結束此動作。第二個選擇是，將頭伸展到高於手支稱的平面，那會是最合適的高度，不會過度下沉，這個選擇會賦予背部壓力並使其向上。因為這只是動作中的部分活動範圍，你必需增加平面高度，盡可能地提高活動範圍，直到完成整個動作。

頭手倒立伏地挺身—— 6 級

肩胛位置：上提肩胛。當頭向地板靠近時，肩部會自然往下，屈臂時，手肘會與肩部靠近。肩胛緩慢下壓。當頭一碰到地板時，身體會被向上推起，回到最初的動作。

技巧：從倒立姿勢開始，身體呈現筆直狀。利用手臂彎曲，進而輕微調整肩膀的角度，直到肩膀角度變小。接著維持固定姿勢，緩慢下降，靠近地面。確保在下降的過程中，身體保持挺直的狀態。不要彎曲身體。當頭部輕微碰處地面時，再利用手臂將身體撐起，回到剛開始的動作。將重心放在三頭肌和肩膀的動作，最終肩膀會像耳罩般包覆耳朵。最後同樣是以身體挺直的狀態做結尾。

下一個階段是，徒手倒立伏地挺身（Freestanding Headstand Pushup，縮寫為Free HeSPU）。在做手倒立扶地挺身時，若手臂支撐沒有輔助，可能會遇到瓶頸，你必需強化這兩者才可以進行徒手倒立伏地挺身。了解怎麼持續穩住還有在手倒立伏地挺身中移動，是相當重要的。若做這個動作時有困難，可以從手倒立開始訓練；這些技巧屬於技術層面，若有需要，也可以每天訓練。為了要做出完美、正確的姿勢，你本身要能夠在短時間內立刻展現平衡感。此動作應該要有的技能，和前述動作相同，要有挺直的身體。

這個動作的困難在於動態動作過程中必需保持平衡。如果肩部肌肉和三頭肌不夠有力、不夠強壯，將無法掌控身體重量，可能導致翻覆、跌倒。即使動作失敗，但依舊可以完成，只需要放鬆核心肌群及彎曲背部。肩部和肱三頭肌的肌力若不足，會透過背部彎曲來補償，以增加胸部與斜方肌的力量來挹注完成動作。如果想要避免這種現象，長期嚴格維持身體姿勢將會漸漸帶來效果。

同樣的，如果手肘展開，就無法良好的控制向前或向後。若手肘常常感到不適，那務必要加強手部的訓練。可以額外新增1至2個針對手部的訓練，以免手肘過度使用、施力錯誤。

同樣地，你也不希望在手倒立時，頭部要承受身體全部的重量。在進行每一個動作時需要按部就班，不能為了求快，使動作不確實。在調整手臂、手肘和其他身體部位時，頭會輕輕地碰觸地板。

在標準地做出這個動作之前，需要很多的努力、足夠的力氣，若需要協助，可以找一面牆適時地倚靠，在自己可以接受的範圍內，以雙腳同時離開牆壁為目標。

徒手倒立伏地挺身——7 級

肩胛位置：上提肩胛。當頭向地板靠近時，肩部會自然往下，屈臂時，手肘會與肩部靠近。肩胛緩慢下降。當頭一碰到地板時，身體會被向上推起，回到最初的動作。

技巧：從倚牆手倒立開始，身體呈現完美的筆直狀，腳尖輕微碰牆，與之前不同的是，手緊握伏地挺身架或其他有類似功能的輔助器材。如上圖所示，在屈臂的同時，肩部不能向外擴張。在緩慢下降的同時，身體要保持穩定。確保身體是挺直的，不能彎曲。當頭碰到地板時，身體會被向上推起，回到最初的開始動作。記得，在過程中一定要保持身體挺直。

徒手倒立伏地挺身（Freestanding Handstand Pushup，縮寫為Free HSPU）是一個需要很多重要技巧的動作。像是倚牆手倒立伏地挺身，在這個動作中，手需要向上舉起。建議搭配伏地挺身架一起完成。伏地挺身架是堅固的，且表面不易滑動。除此之外，還可以透過握著伏地挺身架來尋求平衡感。

你最大的困難在於和之前提到的一樣，彎曲的背部還有手肘的疼痛不適。若上推的動作有點困難，可以使用手倒立伏地挺身的方法，慢速的離心／改變手的高度以讓部分位置在反覆動作中能夠進步。

接下來最重要的是正確地做出這個動作。如果還是沒辦法順利做出動作，可以加強訓練基本功。

學習如何做出完美、正確的動作是很重要的。如果沒有按部就班並且確實地做出動作，就沒有辦法完成其他更進階的動作。

吊環手倒立挺身——進度表第 1 頁，第 4 欄

吊環寬握手倒立挺身—— 7 級

肩胛位置：肩胛完全上提後內收一些，並固定此姿勢。手肘向外彎曲，腳碰觸皮帶，肩胛自然下壓。然後重複這兩個動作。

技巧：先做出一個吊環手倒立，雙腳碰觸皮帶。在接下來的整個過程，腳都是依靠在皮帶上的。開始這個動作後，當手肘彎曲時，頭也可以向外延伸。以上的動作會讓吊環向外，並使肩部及三頭肌感受到壓力。下降後，縮肩部，用手將身體向上推起，回到原始動作。在動作過程中，可以接受吊環轉動，但當你逐漸拿手後，可以試著控制吊環，讓它不要搖晃。

吊環寬握手倒立挺身（Rings Wide Handstand Pushups，縮寫為R Wide HSPU）這個動作，你應該要專注於維持身體的筆直。這項手倒立和吊環手倒立的主要差別在於，腳是在吊環繩子內側及用手腕控制。

在過程中，為了能夠產生額外技巧性的優勢並同時維持良好體態，允許手肘向外擴張，特別是在最高點時。最佳的姿勢為：手臂打直、吊環向外轉、標準的手倒立姿勢。為了能達到此目標，取決於肩部和三頭肌的肌力，所以務必確定已從之前的訓練過程獲得足夠的肌力，以免受傷或發生意外。

環帶手倒立挺身（手肘在內）── 8 級

肩胛位置：肩胛完全上提後內收一些，並固定此姿勢。手肘向外彎曲，腳碰觸皮帶，肩胛自然下壓。然後重複這2個動作。

技巧：先做出一個吊環手倒立，雙腳碰觸皮帶。在接下來的整個過程，腳都是依靠在皮帶上的。開始這個動作後，當手肘彎曲時，頭也可以向外延伸。以上的動作會讓吊環向外，並使肩部三頭肌感受到壓力。下降後，縮肩部，用手將身體向上推起，回到原始動作。在動作過程中，可以接受吊環轉動，但當你逐漸拿手後，可以試著控制吊環，讓它不要搖晃。

環帶手倒立挺身（手肘在內）（Rings Strap Handstand Pushups，縮寫為R Strap HSPU）將完全測試毅力。可以將腳從繩子移開來增加困難度。這會使肩部稍微失去一點平衡，也代表在維持身體平衡方面需要加強。全力以赴，在需要時可以用旁邊的繩子來輔助。當身體向上升時，腳會不自覺地向繩子後面退。

這個動作與在伏地挺身架上進行徒手倒立伏地挺身（或是其他輔助）有點類似。在動作最底部時應維持張力，得設法從底部位置發力。

其他的建議為，將手肘向內並維持核心肌群用力。身體彎曲會改變身體重心，進而影響到平衡感，導致跌倒。維持核心的肌力，在所有手倒立伏地挺身動作中，這是最重要的。

吊環徒手倒立挺身—— 9級

肩胛位置：肩胛完全上提後內收一些，並固定此姿勢。手肘向外彎曲，腳碰觸皮帶，肩胛自然下壓。然後重複這2個動作。

技巧：先做出一個吊環手倒立，雙腳碰觸皮帶。接下來將腳從皮帶移開並保持平衡。開始這個動作後，當手肘彎曲時，可以移至肩膀前方。一旦下降到底部後，縮肩部，用手將身體向上推起，回到原始動作。在動作過程中，可以接受吊環轉動，當你逐漸拿手後，可以試著控制吊環，不讓它搖晃。

吊環徒手倒立挺身（Rings Freestanding Handstand Pushup，縮寫為R Free HSPU）對大多數人來說是一個里程碑，同時也被歸類為級數B的動作。必需要投入大量的汗水、力氣才能完成。同樣地，要專注於動作的正確度。在向上撐起身體時，也不忘要好好控制姿勢。

最大的問題為，此技巧使你在最高點時關節會鎖死。在手倒立伏地挺身中，這是最困難的部分。很顯然地，控制吊環具有相當的難度，因此希望你已在前面的訓練過程中累積足夠的經驗、肌力。若不能順利控制吊環，但你已經有足夠的肌力做出吊環伏地挺身，會發現手肘在此動作上方，是呈現彎曲的狀態。如果你現在符合上述狀態，那麼訓練將會著重在肩部，而不是手倒立伏地挺身。

在嘗試各式各樣的倒立動作，難免會遇到困難，像是保持挺直、或是輕微彎曲。你也同樣會需要練習雙槓的控制，可以逐漸增加練習頻率來加強自己的能力。

推舉／過頭推舉／槓鈴推舉——進度表第 1 頁，第 5 欄

推舉緊接在手倒立伏地挺身之後，因為它與之前的訓練有很大的關係。一個手倒立伏地挺身承受的重量約是身體的85－95%。這是因為手臂的重量未算入手倒立伏地挺身的重量之內。

在做這2個動作時，都需要有良好的核心力量及控制力，但這兩個動作需要的技巧有一點不同。很明顯的，將你的體重推至倒立位置與將你的體重推舉過頭並不太像。無論你練習什麼，都會變得更好。這2項技能的共通點，是都須將體重推舉過頭。進度表這部分的編排以及「相關」肌力的說明，只是讓讀者有概念，知道如果想同時訓練2種動作時，都會需要推舉動作的肌力。個人的人體測量學特徵也很重要，身體較長的人可能比較難控制無支撐物協助的手倒立伏地挺身。

要怎麼收穫先怎麼栽，投入足夠的時間、精力，一定可以獲得相同的報酬。熟練此動作，也能讓其他訓練更加容易。

屈臂手倒立——進度表第 1 頁，第 6 欄

屈臂屈體手倒立—— 5 級

肩胛位置：手放在地上，盡可能上提肩胛，儘管一開始會比較靠近中線。一直到動作結束之前，都會用到肩部的肌力。

技巧：雙手放在地上，手臂微彎，腿伸直。慢慢地將身體重量由腳趾轉移到手。一旦當重量完全放在手上，舉起雙腿。在翻滾時，肩部不要太快往下掉，以免增加動作的困難度。抬起臀部，高過肩部。再向前翻的同時，挺直下半身。最後會變成手倒立的姿勢。

要精通精通的手倒立動作，先決條件是屈臂屈體手倒立（Bent-Arm, Bent-Body Press to Handstand，縮寫為BA BB Press）。若不能穩住手倒立，在結尾動作時很難不跌倒。因此，在做此種手倒立時，可以先嘗試屈臂分腿或屈臂屈體。不建議做團身，團身雖然會讓動作起始較為容易，但腿部彎曲也會讓動作不穩定。忽略腿的重要性，將會影響到固有的動作強度，使動作變得更難，同時也增加受傷的可能性、嚴重性。若想要回到級數較低的動作，不要猶豫，現在就可以開始。

手腕的控制對於以手為平衡點的動作來說是相當重要的，此動作也不例外。先以穩固的手部動作開始，手指平貼於地，以做好支撐的準備。要在這個動作中維持平衡有一定的難度，因此要做好隨時會向前翻滾的準備，不論結果是完美地完成這個動作或因失敗而翻覆。

你可以從屈體或分腿為開始動作。輕微彎曲手臂（不要將手彎曲超過90度，以免施太多力在

三頭肌，當手肘過度彎曲時，自己也會不好施力，以上提醒適用此動作。）當手彎曲，壓力將會由手轉移到肩部，同時也提供一個穩固的基礎，以利髖部向上抬起。髖部一旦高舉過頭，在雙腳向上抬起時，要慢慢伸直。動作的困難度很難定義，每一個大動作中，一定都會有令人感到困難的小細節，很難明確說出哪個部分是最困難的。

- 分腿位置：通常會被視為是最困難的，需要一定程度的柔軟度以及對此動作的熟悉。若符合條件，則可以挑戰看看這個動作。
- 屈體位置：看起來清楚也比較容易做到，但也有困難點。當腳向上抬起時，會產生的槓桿作用遠大於分腿。這會將身體重心從遠離手腕到靠近腳的地方。為了不要讓這個情況發生，肩部需要向前靠，減少肩部肌肉的槓桿作用以增加肩部的重力。

不管選擇哪一個動作，都只是加強自己體力、能力的基本功。當你有了穩固的基礎，不需要花太多時間，大概1、2個月，即可駕馭這個動作。運用你熟知的概念，在做其他動作、其他倒立的變化時，帶入這些觀念。

L 型撐體屈臂屈體手倒立—— 6 級

肩胛骨位置：在L型撐體屈臂屈體手倒立動作，肩胛骨會極度被伸展。當你漸漸將頭部向前向下移動、雙腿向後、臀部向上，肩胛骨的位置也會跟著伸展，直到倒立動作完成。

技巧：將手放在地上或伏地挺身架上呈現L型撐體。接著向前傾，使雙腳向後伸。當手臂推起身體並彎曲時，髖部會向上移動。不要讓肩部太快往下掉，因為這會使手倒立更困難。將髖部迅速抬起，高過於肩部。在雙腿逐漸向上提起時，手臂和身體最後會呈現挺直的樣子。最後做出手倒立的姿勢。

L型撐體屈臂屈體手倒立（L-sit Bent-Arm, Bent-Body Press to Handstand，縮寫為L-sit BA BB Press）是一個以屈體為延伸的動作。不像之前的動作，開始時手要在身體的後面，利用上半身的肌力支撐，結束時做手倒立動作。

若是在地板上做，有兩個方法可以從坐姿變成手倒立姿勢。首先最推薦團身位置，即使有些人喜歡在手倒立過程中雙腿交叉。如果你有強壯和修長的手臂，可以嘗試屈體位置。在將腿向後伸展時，需要依靠肩部及手臂肌力，將自己支撐起來、並向後推。腿一旦穿越手臂，向後延伸時，如同前面的小提醒，在將髖部向上推時，雙手不能彎曲超過90度。

若在此手倒立使用伏地挺身架，將會簡單許多。雖然不這樣建議，但如果本身還沒有足夠的能力或是初學者，還是可以嘗試看看。在手倒立過程中，可以想像頭頂有一個隱形的天花板，試著不要衝破它。當你有進步時，可以在地板上施行此技巧。

胸擺直體手倒立—— 7 級

肩胛位置：肩胛外展且下壓。在動作過程中需要上提肩胛。儘管在動作過程中，需要外展肩胛，但在最後手倒立姿勢時，需要稍微內收一點。

技巧：以海豹式開始，雙手貼地將上半身撐起，手肘伸直，腰背部肌肉放鬆，腹部自然下垂貼地。接著彎曲背，將腿抬起，高過身體。當身體重量都轉移至手，髖部也要開始向上抬。在下半身向上抬起時，頭部會向下移動，此時手要用力將身體推起。一口氣將髖部推起，高過肩部。髖部挺直同時用雙手將身體撐起，伸直手肘及肩部。完成後會呈現手倒立的姿勢。

當你開始做胸擺直體手倒立（Chest Roll, Straight-Body Press to Handstand，縮寫為CR SB Press）時，這個身體彎曲的動作很常見。當你變得更強壯時就不需要彎曲，反而可以利用垂直的身體來展現這個技巧。此技能將對下一個階段有很大的幫助。

操作這個技能背部需要良好的柔軟度，若你本身缺乏柔軟度，做這個動作將會感到困難。即使這個動作不是你擅長或喜愛的，多嘗試多訓練對以後其他訓練也會有幫助。

你可以把這個動作分為2個部分。第一，你想要做到頭倒立。第二，想要從頭倒立變成手倒立。當你這麼想時，運動的過程就不會那麼令人卻步。若同時嘗試2種選項有困難，可以自行分配選擇。

屈臂直體手倒立—— 8 級

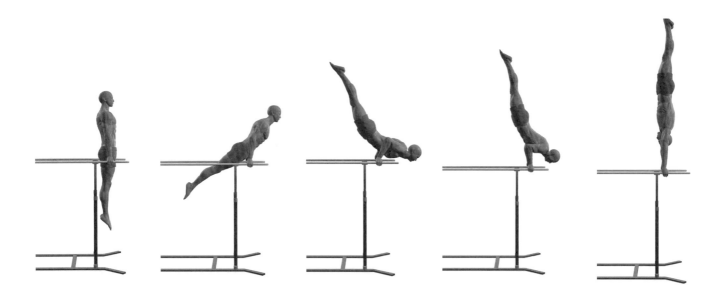

肩胛位置：肩胛下壓。在接下來的過程中，肩胛從外展動作變成上提直至手倒立動作。肩胛會在結束動作時呈現上提且些微內收。

技巧：一開始找尋支撐點撐在雙槓上。接著彎曲手臂然後向前傾倒，肩部向下傾，當頭下降到與手的高度相同時，雙手用力將下半身撐起。肩部向下傾時，要算好距離，不要太往前，太過前面會增加手倒立的困難度。髖部直接高舉過肩部，臀部挺直的同時，準備手倒立，接著手肘要打直，肩部張開。最後就能完成手倒立。

屈臂直體手倒立（Bent-Arm, Straight-Body Press to Handstand，縮寫為BA SB Press），動作的難易度取決於施力多寡。如果目標是想增加肌肉肌力，那麼應該盡量減少完成手倒立所需的動能。

這個動作多在雙槓上呈現。也可以在地上進行，只是腿部的動作會受到限制（無法做出上方首圖的第一個動作）。若沒有雙槓，在做這個動作時，一開始可以用雙膝跪地的方式。在身體向前傾倒時，雙腿立刻向上且向後伸展。當腿移動時，向前傾，且同時彎曲手臂。

這個動作的關鍵在於，不要過度彎曲、不要前傾得太快，需要控制好自己的身體，以防過度搖晃。在做出最後動作時，會經過3個動作，依序為：手肘、肩部、手倒立。

儘管這些手倒立都有點相似，但這個技能需要比手倒立伏地挺身還要多一點的肌力。這也是為什麼它的難易度比前一個高一個級數。

特別提醒這個技巧會伴隨著身體彎曲，剛開始學習時並沒有關係，然而當你改善之後，盡可能從低點改善動作。這將會鍛鍊到更多肩部肌耐力。

手倒立至肘槓桿再手倒立—— 9 級

肩胛位置：肩胛會在手倒立姿勢最高點時呈現上提。在下降的時候，肩胛會外展且下壓，並一直持續到肘槓桿位置。接著，當你一再做倒立過程時，肩胛骨會往反方向移動。

技巧：先做一個手倒立。彎曲手肘及肩部，接著讓胸部及頭往地板靠近，同時腿也會向下移動。慢慢地移動，最後回到肘槓桿位置。接著再次向前傾倒，腳向上抬起。最後雙手用力向上推起，回到最初的手倒立姿勢。

手倒立至肘槓桿再手倒立（Handstand to Elbow Lever to Handstand， 縮寫為HS, EL, HS）是一個需要90度伏地挺身的動作。90度伏地挺身，同時也是一個需要使用多重壓力的動作。需要挺直的身體、良好的手倒立條件。同時你也需要熟練手倒立伏地挺身，及含有屈臂、直體的動作。

若要身體保持平衡，需把手想像為一個支點。手肘貼近身體兩側，可以增添更多平衡感。在這個動作過程中，手肘的角度需要時張大時縮小。單純用肩部還有手來維持平衡是不夠的。手肘的角度與是否能保持靜止狀態有很大的關係。手肘在動作過程中，需要隨著上升或下降來調整張開的角度。

若缺乏體能，這個動作對你來說會有困難。依據前面的技巧，可以從L型坐姿或支撐來得到一些肌力。然而，在這個動作中，是從手倒立動作開始轉換到別的動作，因此需要用肘槓桿位置來保持靜止姿勢。接著，從靜態的肘槓桿位置開始，要用足夠的肌力創造屬於自己的動作，且一路保持到手倒立動作結束。

千萬不能為了使動作更簡單，進而彎曲自己的背部及腿。身體要一直保持挺直。在做肘槓桿位置的前後，需要特別保持平衡。若有困難，可以多訓練肘槓桿位置。

臂屈伸直體手倒立—— 10 級

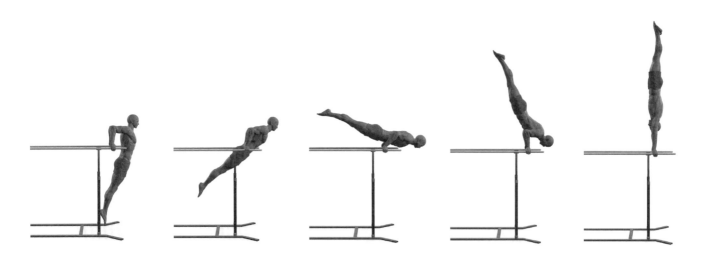

肩胛位置：一開始，呈現放鬆至一個傾角的底部位置，同時肩胛上提且內收。當你做出各式各樣的動作時，肩胛會呈現外展且開始上提。持續上提直到做出手倒立動作。

技巧：從一個支撐位置開始，或是低至一個傾角（也可以從傾角開始）。在傾角的時候，使肩部活動，並開始向前傾，手也要用力撐起。在身體開始晃動時，腳會向上抬。保持身體挺直，也要持續向前傾，接著髖部和腿會繼續移動，直到肩部定位。接著就完成手倒立動作了。

臂屈伸直體手倒立（Parallel Bar Dip, Straight-Body Press to Handstand，縮寫為PB Dip SB to HS）是被歸類為可以測試身體體能的一項技藝。此動作需要使用到雙槓。從傾角位置的底部身體就要保持挺直（絕對不能彎曲），然後向前傾，做出手倒立動作。

此倒立動作可以使用第三方架構。若使用第三方架構，則是使用雙槓來支撐，這對測試自己的能力來說是相當困難的，因為運動員本身是以靜態的動作開始。

在肩膀沿著雙槓滑動時，身體是向前傾的，且手臂也要打直。這會使髖部靠近手，將沒移動的身體部位同時向前傾，再把身體從下沉的位置堆高。

當身體往雙槓靠近時，你會處於半肘槓桿位置。不能停在這個動作，這比一般的肘槓桿位置困難許多。向前傾的時候打開肩部，腳才有辦法向上抬起，直到你在雙槓上手倒立成功。剩下的步驟就類似手倒立伏地挺身。

第一階段，也就是將身體傾斜到幾乎只靠肩部挺立支撐，是最困難的。能到這個程度，手倒立伏地挺身基本上對訓練者而言已不是難事，不過要注意這個動作還是會稍難一些，因為操作手倒立伏地挺身之前，操作者在第一階段是處於費力的狀態。下一個階段是要學習如何控制肩部的張開角度，來改變身體角度的變化。

吊環屈臂手倒立——進度表第 1 頁，第 7 欄

為了使動作更簡單，吊環屈臂手倒立沒有屬於自己的分類，反而是放在椅子手倒立之後。

級數較高的椅子手倒立，在學習屈臂手倒立時需要較多的穩定性和肌力。上手後，對於之後的吊環手倒立會有很大的幫助。

其他人選擇在吊環上動作，例如吊環手倒立挺身，也可以得到相同的效果，但又以同時訓練很多動作為最佳。建議在吊環屈臂推舉動作之前先學習如何在PB／FX上做出吊環手倒立、吊環手倒立挺身、直臂／屈臂手倒立。

椅子手倒立—— 6 級

肩胛位置：在做這個動作時，下手臂的肩胛會外展且上提，同時上手臂的肩胛會處在中線位置。然而上手臂的姿勢從開始到結束都保持相同。

技巧：首先，在椅子上深蹲。找出手的正確位置——下手臂放在椅子前方的直角，另一隻手，也就是上手臂，將會支撐在椅子的靠背上。接著，將臀部抬起至空中，然後身體向前傾。椅子手倒立只有2個步驟。第一，移動髖部，高抬超過肩部；第二，在腿向上抬起時，肩部、核心、髖部都須保持穩定。這可以避免向前方或後倒。

當你一開始施力時必需讓下手臂保持垂直（這也是為什麼學會直臂手倒立是有用的）。手臂若彎曲超過20－30度，身體非常可能會搖晃，以致無法完成。上手臂可以幫忙分攤一小部分的重量，

但因為在過程中是處於彎曲狀態，所以沒辦法當成主要支撐點。藉著繼續向前傾，將身體重量放在另一隻手上，想像著要將身體抬起，最後呈直線。這可以產生反作用，抵消再向前傾和抬起髖部時的力量。

當你嘗試這個動作時，腿可以做團身分腿位置。大多數人喜歡團身動作，但如果你已經訓練過分腿撐會比較簡單。若選擇分腿，在移動腿部時，小心不要撞到椅背。

在髖部抬過頭時，可以緩慢地移動腿，直到高過於頭。不能做太快，這將會彎曲到背部，讓你失去平衡。若不會轉體落地，建議找一面牆來輔助。你一定不想向前跌倒或傷了背。

成功手倒立後，保持姿勢。身體大約有75%的重量會轉移到支撐地板的那隻手上，此時要是有任何核心或腿不穩定，都有可能毀了這個動作。所以需要一定的肌力來保持身體的直立，將上手臂放在椅背上，控制身體的平衡感，以免意外摔落。初步嘗試這個動作，身體多少會搖晃，但多嘗試後，就可以領悟出一番技巧。

在嘗試椅子手倒立之前，你應該要有能力做出可以維持30秒的手倒立及屈臂手倒立，或是直臂分腿。因為這個技巧需要良好的平衡感，以做出手倒立。訓練手倒立伏地挺身也有些許幫助，但不是必要條件。

椅子手倒立並不困難，儘管圖示看起來很複雜。椅子手倒立和一般手倒立的差別在於：為了能夠做出正確的姿勢，下手臂需放在椅子坐墊的前方，因為上手臂支撐於椅背，或多或少會出現搖晃的情況。雙手的水平距離大約與肩同寬，垂直距離較沒有限制，但以手肘到肩部的距離為佳。下手臂會承受較多的壓力（大約70－80%）。上手臂、肩部和手肘彎曲以90度為最佳角度。

當你在手倒立時，確保手肘是穩定地直立著，與肩部是呈一直線的。若身體一直搖晃、不穩定，手肘將會受傷。

剛開始學習椅子手倒立時，有很大的可能會跌倒，所以希望新手可以找一面牆當輔助。在不需要倚牆時，記得準備一個軟墊，以免失去平衡而摔倒。也要記得多訓練前轉體落地。

結束椅子手倒立的方法和做這個動作時差不多。首先，慢慢地移動腿，直到自己回到分腿或團身，只是髖部是向上的。接著手臂輕微彎曲、並支撐身體重量，然後髖部就可以繼續向下移動。以做這個動作時不會搖晃為目標，加油。

在成功挑戰椅子手倒立之後，可以藉由延長手倒立時間，來鍛鍊自己的穩定性，如同最開始在訓練一般的手倒立一樣。熟練之後可以由坐姿開始，像是L型撐體手倒立一樣。最困難的會是如何從坐姿開始移動身體。

別忘記2個動作都要訓練，你會很常在進行這項動作時發現在直臂及屈臂中的不平衡狀況，要多訓練自己不拿手的項目。

錯覺椅子手倒立── 7級

肩胛位置：與椅子手倒立相同。

技巧：與椅子手倒立相同，但上手臂支撐於第2張椅子的椅背，所以會更不穩定、更不平衡。

此動作需要2張椅子。打直的那隻手需要放在第2張椅子椅背的地方。雙手分別放在這2張椅子的椅背。整體來説與前一個動作相似，因為以下2個原因，使這個動作更困難：

- 上手臂主要是控制身體平衡，避免身體搖晃，所以不能施太多力在上面。
- 下手臂在動作中需要打直，為比較穩定的支撐點，所以施予下手臂的肌力多於上手臂。

除了增加施壓力量，你也需要穩定上手臂的平衡。手臂絕對不能彎曲。若對此動作的維持有困難，務必要從前一個階段的倒立開始練習（地板倒立、雙槓倒立）。

除此之外，在椅子上動作時，要保持手臂伸直，做好支撐的功能。若手彎曲超過20度，將無法保持平衡，容易因為搖晃而摔倒。因為手臂是彎曲，所以只能支撐一些重量。手肘動作要確實，且需要等量收縮肩部的肌力，以免因搖晃而跌倒。將大部分身體的重量放在下手臂，且用力向上撐起身體，進而達到與身體平行。記住前傾時要注意距離，避免失去平衡。

同樣地，腿部動作也可以依照個人喜好來選擇要分腿或團身。像是椅子手倒立，大多數人喜歡團身，但若使用分腿就要注意腳可能會撞到椅背。

髖部一旦高舉過頭，接著要將腿慢慢抬起。若移動得太快，將有可能因為拱背而失去平衡。在你做出手倒立之後，身體要保持緊繃。身體大約有75%的重量會移至手臂，從地板上撐起，因此任何跟核心、腿相關的動作都有可能使身體失去平衡。接下來用力讓身體保持直立，將上手臂放在椅背上。剛開始身體難免會因不能適應而跌倒，但多訓練就可以避免。

有一個技巧可以用在這裡，使用3張椅子，並以其中2張椅子為基底。在做完椅子手倒立時，可以抽掉1張椅子。若在訓練過程中，若旁邊有別人，可以請他抽掉多餘的椅子。這也是為什麼名稱中有「錯覺」這個單字，因為第3張椅子是沒有用的。

當然，這個技術也可以找一面牆或軟墊輔助訓練，以防止摔落下來。一旦可以輕鬆做出這個手倒立，還可以挑戰自己，像是對肌肉肌力做特訓。若想要挑戰更高難度，可以增加更多椅子。

吊環屈臂屈體手倒立── 8 級

肩胛位置：肩胛下壓，呈現支撐動作。當你進入這個動作時，肩胛開始上提且外展。當你越接近手倒立動作時，肩胛外展會變少、上提變多。做出手倒立動作後，肩胛會完全上提且些微內收。

技巧：這個動作與吊環肩手倒立及屈臂屈體撐相似。從支撐或L型撐體開始，彎曲手臂，旋轉軀幹，以便髖部可以向上抬起。為了要讓髖部抬起，可以選擇分腿或屈體。在推起身體的同時，挺直髖部，最後做出手倒立姿勢。

吊環屈臂屈體手倒立（Rings Bent-Arm, Bent-Body Press to Handstand，縮寫為R BA BB Press）會比之前更難，因為沒辦法做一個擺盪來當輔助。盡可能地彎曲手臂，越彎曲對於髖部抬高的動作越有利。除此之外，則不要過度彎曲手臂，因為越狹窄的肩部角度，對於手倒立動作越沒有幫助。在髖部向後抬起時，手用力向上推，但不要忘記手肘不能張開超過90度

首先，你可能會用到彈力帶來當輔助，以保持平衡。大部分的初學者都無法不使用輔助，因無法直接靠自己來保持平衡。當然，越少使用輔助越好，或是完全不需要任何輔助來完成動作。試著挑戰不用彈力帶來將自己抬起，若做這個動作有困難，才可以使用彈力帶作輔助。

一旦成功做出這個動作後，有些地方需要特別注意：

- 身體必需筆直，專注在收緊髖部和核心，拱背會使你失去平衡，最後跌倒。
- 固定手肘位置，聳肩。
- 盡可能減少腳觸碰繩子的機會。當你越來越熟練後，將腿放在繩子的內側，待拿手後就可以不用依靠繩子。
- 調整吊環的位置，讓他們相互平行。

吊環臂屈伸手倒立—— 9 級

肩胛位置：一開始做出屈肘姿勢，同時上提肩胛。當開始這個動作後，下壓肩胛。當開始進入技動作時，肩胛會開始逐漸上提且外展。當越來越接近手倒立動作，肩胛會外展變少上提變多。在做出手倒立後，肩胛會完全上提且些微內收。

技巧：這個技巧與吊環肩手倒立及其他屈臂屈體撐動作接近。先屈肘並轉動軀幹，帶動髖部至高於頭部。最後推動手臂，同時伸直髖部直至吊環手倒立位置。

像雙槓一樣，最主要的不同是使用吊環臂屈伸完成手倒立（Rings Dip to Handstand，縮寫為R Dip to HS）。因為從L型撐體或向前屈體可以產生的動能在此動作會減弱，在前傾階段產生的力量，必需要能協助你將髖部高舉過頭。

若以團身或屈腿來讓動作變得更簡單是不對的。你必需專注在變得更強。可以用的動作為分腿或屈體動作，避免做出團身動作。在中級階段團身動作是可以被接受的，但是若有足夠的肌力，還是建議從分腿或屈體開始。

關鍵在於驟降到底部位置可以使手肘張開，讓身體轉向前。軀幹向前傾可以使髖部有效快速地向上移動。增加強度有利於訓練體能。

這個動作看起來有些困難，但它是屬於中級，且是為了讓肌肉更發達的手倒立。結合多種技巧的倒立、或是各式各樣的練習課程，對你來說將會是很好的練習菜單。

吊環屈臂直體手倒立—— 10 級

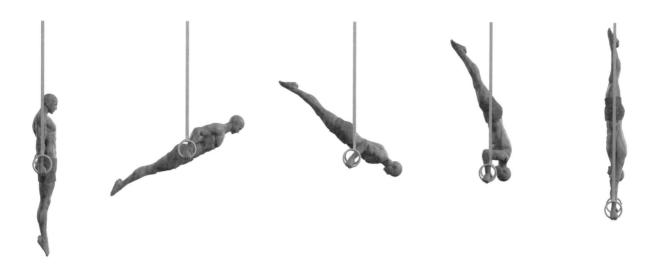

肩胛位置：從支撐動作開始，下壓肩部。進入技術動作時，肩胛會逐漸上提且外展。當越來越接近手倒立動作，肩胛外展會減少，上提增加。做出手倒立後，肩胛會完全上提且些微內收。

技巧：從支撐動作開始，接著身體向前傾，彎曲手臂以釋放壓力到手上，腿也會同時向上抬。在做上述動作時，身體要保持垂直。當頭部向下移動通過吊環時，將吊環拉至肩手倒立位置。接著，伸直手完成手倒立動作。

吊環屈臂直體手倒立的關鍵在於（Rings Bent-Arm, Straight-Body Press to Handstand，縮寫為RBA SB Press，可以稱為Hollowback Press）轉動掌心向前進入吊環向外轉動位置，比較像是肘槓桿位置，屈臂撐的過程。這會使你更有能力完成技巧。試著在整個手倒立過程中，將吊環向外轉。

如果你手肘閉合角度的速度不夠快，身體將會旋轉，向前翻。記得如果你尚未感到順暢，要先訓練脫困方式。屈臂太迅速時，身體會卡住轉不過去。需要足夠的肌力和控制才能呈現出這個動作。要大量訓練，直到做對。

仔細看會發現這個技能的級數，比吊環徒手倒立挺身還高一級。若前一個動作還沒熟練，須以前一個動作為優先。上方的圖將比較困難的部分一一拆解，現在先熟練後，在之後的動作中若遇到，則作為此部分的延伸。

此動作是體操評分規則B級技巧。

吊環手倒立至肘槓桿再手倒立—— 11 級

肩胛位置：肩胛先是完全上提且稍微內收。在你開始向前進行肘槓桿，肩胛將會完全下壓且外展。接著開始朝手倒立姿勢前進，肩胛將會再度被上提一次。最後肩胛會是完全上提且些微內收。

技巧：從手倒立姿勢開始，向前傾且彎曲手臂及肩部。身體一樣保持挺直。緩慢地將手肘下移至手腕的區域，此時壓力會落在手臂。一旦當你開始肘槓桿位置，向前傾時腿及髖部會順便被帶起。

吊環手倒立至肘槓桿再手倒立技術（Rings Handstand to Elbow Lever to Handstand skill，縮寫為 R HS, EL, HS）與在地上、伏地挺身架上操作的動作極為相似。成功做出動作的關鍵在於維持身體的直立。將練習重心放在身體向前傾、扭轉手腕調整拉環的倒立姿勢，並利用微調肩膀及手肘的角度，進而控制身體角度。

在吊環上做肘槓桿姿勢會比在地上難，因為吊環有固定的寬度，對於不同的肩部寬度來説，沒有辦法調整。控制整個動作的關鍵在於手肘張開的角度及手腕，因此在做每一個動作時，都要穩住自己的重心。一旦穩定住了，接下來的動作就不會那麼困難，就只是單純地做伏地挺身。

從手倒立動作轉換為肘槓桿姿勢時，吊環一定會被轉動，這是自然的反應。頭若過度彎曲，則會間接影響到背部的動作，需避免這種情況發生。試著提升最大的肌肉肌力，在整個過程中做出具有高度穩定性的含胸拔背姿勢。在手倒立轉換肘槓桿過程中，保持肘槓桿穩定及手肘開合有其難度。這比前一個動作還需要更多技巧。

吊環臂屈直伸體手倒立── 12 級

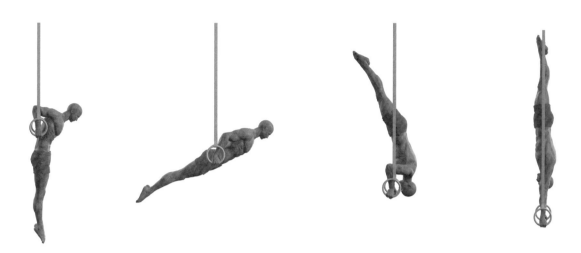

肩胛位置：先做出一個向前傾角位置，上提肩胛。開始動作時，下壓肩胛。當你向前傾，肩胛會上提且外展。當動作越靠近手倒立位置，肩胛將外展會變少，上提變多。當你達到手倒立位置，他們將會完全上提並且稍微內收。

技巧：先做出向前傾角姿勢，接著向前傾，彎曲手臂，手用力以便讓腿向上抬起。身體挺直，當頭向下移動至低於手的位置時，對吊環施力，以做出肩部手倒立姿勢，接著手伸直就能完成手倒立。

吊環臂屈伸直體手倒立（Rrings Dip, Straight-Body Press to Handstand，縮寫為R Dip SB to HS）與前一種變化（前傾，直體手倒立）相似，除了是在吊環上進行外。在身體上升的過程中，手腕要將拉環慢慢轉出。

當身體與兩側的繩子平行時，這時已經進入半肘槓桿姿勢。這結合了俄式撐體與馬爾他式伏地挺身。同時，身體會繼續向前傾、手肘張開，使雙腳可以向上抬，直到你在吊環上做出接近肩手倒立動作。最後，進行徒手倒立伏地挺身動作。這是這個技巧裡最困難的，因此需要良好的體能。

一旦學會這個技巧後，可以專注在訓練肌力及控制手肘角度，以利於將手向下移動過頭。挑戰成功後，可以試著增加重量，來讓這個運動變得更有挑戰性，甚至獲得更多肌力。

直臂手倒立——進度表第 1 頁，第 8 欄

直臂手倒立的多元變化是非常少被使用的非體操動作。大家都想嘗試特殊新奇的動作，像是手倒立伏地挺身還有靜態的俄式撐體，但直臂手倒立的鍛鍊過程對肌力和柔軟度並沒有太大的貢獻。

不過從這個動作中學習到的肌力鍛鍊，對於之後的其他技能如俄式撐體來說，有直接的影響力。

若你對俄式撐體有興趣（甚至是屈臂撐技術），強烈建議你可以開始訓練這組動作。學習如何控制自己的肩部，學會控制後，不但對推動作的技巧有利，對於需直臂穩定性的拉動作，例如後槓桿、前槓桿或十字懸垂也會有很大的幫助。

倚牆分腿離心手倒立—— 5 級

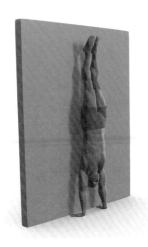

肩胛位置：當你在進行手倒立動作時肩胛將會上提。在整個動作中皆是呈現上提狀態。所有的動力源自髖部。

技巧：背靠牆，雙手比平時稍遠離牆做手倒立。接著張開雙腿，越開越好。接著緩慢地彎屈髖部，使背和髖部依靠著牆。慢慢將雙腿向地板靠近，此時髖部還是依靠牆壁。若你沒有緊貼牆，髖部和背則會在腿碰到地板前先離開牆。剛開始嘗試時，可以接受這種錯誤，但之後就要盡量避免。

這是第一個系列的進展過程，將會顯著提升動態柔軟度及肩部肌力。倚牆分腿離心手倒立（Wall Straddle Press to Handstand Eccentrics，縮寫為Wall Str. Press Ecce）可以在地上操作或在伏地挺

身架上做。手離牆壁越遠，角度越斜，技巧會越簡單。若距離越近，動作越有挑戰性，但也會獲得越多肌力。

這個技巧可以被拆解為2個步驟（實際上的手倒立有3個步驟）：

- 首先背部與牆相對且手倒立。維持核心的張力，身體不要拱起。為了要做這個動作，腿張得越開越好。
- 緩慢地轉動髖部，如此腳才有辦法向地板靠近，鼠蹊則往腹部靠近。持續移動腿，直到碰觸地板。背須靠牆保持挺直，否則會跌倒。

在進展到下一個技巧時，你需要訓練這2種動作。看起來似乎很簡單，但必需要有高度的專注、肌力及控制力。大多數訓練者在做這幾個動作時，都會面臨到抽筋、爆汗等過程。雖然這只是級數5的動作，卻是最困難的級數5。這也是在鍛鍊直臂肌力時中，最重要的一個。

這需要很多核心和肩部的肌力，來讓背倚靠著牆壁。困難點在於是否擁有足夠的柔軟度，張開雙腿做動作及移動鼠蹊至髖部附近。以下提供2點，幫助你提升自己的技能：

- 腿一旦達到柔軟度的極限（盡可能壓低），再將他們往上抬，一旦達到身體柔軟度的極限，再將動作慢慢收回，回到最初的開始動作。轉動髖部和腿，以達到穩固的核心位置。在做以上動作時，背部都不能拱。
- 可以使用伏地挺身架讓腿可以下沉得比地板低（前提是要有足夠的柔軟度）。同樣地，他們也可以被抬起。你能將腿下沉得越多，動作也越具有挑戰性。

要記得，即使是小小的5－10度的屈肘，也能夠使動作簡單20－30%，而肌力會減少，因此要抵抗想要彎曲的手臂。這也是為什麼大多數的教練在學員學會直臂前都不會教導要彎曲手臂。

上圖表示如何能不倚牆而開始髖部動作的訓練。因為這是頭倒立動作，要預防脖子受傷，須更加謹慎。如果脖子之前有受過傷，或有其他不能承受過多壓力的情況，不要輕易嘗試這個動作。若堅持要做，須自己承擔風險。

墊高分腿手倒立—— 6 級

肩胛位置：上提肩胛。一直到動作結束前，肩胛都會處於上提狀態。所有的動力源自髖部。

技巧：找一個箱子、凳子、體操墊，或其他跟地板有高度差的物品。距離地板越遠，難度將會降低越多。雙手放在地上，展開肩部。身體重量轉移到手時，將髖部抬起高於頭。一旦當你感覺到雙腿支撐身體的重量減少了，將髖部抬起，緩慢地移動髖部，變成分腿手倒立位置。最後將雙腿併攏，就會做出一個手倒立。

轉移中心的過程叫做墊高分腿手倒立（Elevated Straddle Stand, Straddle Press to Handstand，縮寫成Ele Str Std Str Press）透露出在哪個時間點需要開始手倒立。在熟悉這個動作之前，可以找面牆壁來作輔助。

儘管這個動作被歸類與屈臂屈體手倒立同級數，但實際上卻難了許多。很少人著重直臂技巧及肌力訓練，肌肉將會需要更多時間來適應強度的增加。可以調整輔助物的高度，來選擇動作的難易度，所以可以針對自己的能力來選擇合適的高度。大部分的人會選擇12－17寸高的箱子。若擁有可摺疊的運動地墊，就可以輕鬆調整自己想要的高度。

盡可能地張開肩部。這可以避免在抬腿前，臀部先抬高。也可以避免在進行腿部動作時，導致臀部重心偏移，這會將你導向另一個動作 —— 平板撐，同時這也是你還沒有準備好可以做的動作。

在雙腳離開輔助物，向上抬起時，肩部的負擔會瞬間變大。感覺就像肩部承受了很大的壓力，迫使自己不斷向前傾倒。因此，你需要更努力地將自己的身體撐起，為的就是不讓自己翻覆。手掌和手指會感覺像在地板挖洞般緊貼於地。

大部分的人做這個動作有時會卡住，因為肩部的角度、姿勢不良，肩部一定要夠強壯，才能撐起這個動作。同樣地，腿和鼠蹊也需要極大的柔軟度，才能維持平衡做出手倒立。儘管有多年

經驗的人，做這個動作可能也會感到困難。建立良好的基礎，在推力上能達到更高級數。若有需要，可以找個人站在旁邊，看動作是否確實。他們可以用膝蓋支撐你的肩部，讓你的身體維持在正確的位置，幫助你移動臀部，使腿抬高。

接著降低高度進而調整到身體可以適應的施力程度以及柔軟度。當你可以將腿抬離地面，記得要緩慢的移動。利用下半身的力量將腿抬起，同時胸部拉開、縮胃。這可以使背部動作變得更標準。

手臂到軀幹的角度很重要，手臂與軀幹的角度與大腿到軀幹的角度，將決定是否可以做出完美的動作。此時展開肩膀，做出筆直的手倒立。接著移動腿部，直到做出撐體動作。

若動作都很到位，但還是覺得執行腿部動作很困難（從撐體動作到向上倒立），還是有機會可以補救的。在做這個動作時，可以遠離牆壁，亦或是持續練習基礎動作（撐體倒立）。

要記住，即使5到10度的手肘彎曲，也能降低10－30%的難度，但這對於體能鍛鍊並沒有幫助，因此身體想要彎曲時，必需控制意志，不要彎曲。

分腿或屈體手倒立── 7 級

肩胛位置：上提肩胛。一直到動作結束前，肩胛都會處於上提的狀態。所有的動力源自髖部。

技巧：雙手撐地，身體向前傾，展開肩部。當身體重量轉移到手時，抬起髖部，高過於頭。一旦感覺到雙腿支撐身體的重量減少，慢慢移動臀部至分腿手倒立位置，接著併攏雙腿完成手倒立動作。

當你在做分腿或屈體手倒立（為Straddle or Pike stand, Press to Handstand，縮寫為Str.／Pike Std. Press）時，降低腿的高度，會增加動作的難度。在做這個動作時，臀部不會直接在肩膀上方。以下將技巧分解為2個階段：

- 第一階段，向前傾至肩部。身體重量全數落在雙肩上後，肩部不能縮回，若縮回肩部，困難度會因為身體過於前傾而增加。接著，軀幹及髖部會在腿移動的同時向上抬起。這叫做加壓（是一種動態柔軟度的形式），會使身體重心在手正上方。
- 第二階段，將腿向上抬起，高過髖部，直到做出手倒立。小心調整核心重心及髖部，以增加正確的平衡。

在做這些動作時一定要謹慎，每個階段的動作都要確實，因為大部分初學者會把動作混在一起。若腿移動得太快（在髖部高於肩部之前），肩部會搖晃，最後跌倒。肩部及核心需要保持一致，搖晃的身體也可能導致過度前傾。

屈體變化會有一點困難，因為它需要比前面多一點的肩部傾斜，而身體重心將會遠離上半身。分腿直臂手倒立進階到屈體，是提升強度很好的方式。

即使是5－10度的屈肘，也能使動作簡單20－30%。為增加動作的困難度，不能輕易彎曲手肘，進而影響到練習結果。屈體動作需要較多的壓力，會需要將身體向前傾、肩膀及臀部都要向上抬。

這是體操評分規則中的A級技巧。

L 型撐體分腿手倒立──8 級

肩胛位置：首先做出L型撐體，肩胛下壓。當髖部開始向上移動，肩胛會外展且上提。當髖部高過肩部，且停止移動時，肩胛會完全上提以做出手倒立動作。

技巧：以L型撐體開始，手臂打直。在髖部向後面移動時，讓腿向後伸展，肩部輕微向前移動。保持手臂伸直，伸展肩部，預防自己跌倒。在腳趾越過扶地挺身架時，雙腿打開。在肩與髖部呈90度時，要立刻向上舉起雙腿做分腿，最後雙腿並攏做出手倒立動作。

由於是在較低的平面做L型撐體分腿手倒立（L-sit／Straddle-L, Straddle Press to Handstand，縮寫為L-Sit／Str-L Str. Press），活動範圍將會增加，肩部負擔也會加重。這迫使你必需使用更多的力量，變得更強壯。在這個技巧中，加壓是關鍵。你需要好好維持這股壓力，為了不讓肩部從俄挺動作向前。髖部要迅速地抬起。事實上，一旦髖部開始向後移動，你將加壓腹部，並讓腹部盡可能靠近臉。

當你越來越熟練，開始嘗試L型分腿。以此動作為第一步會使動作變得更困難：它會抵消大部分做擺盪時產生的力，同時也需要更多柔軟度。

所有L型或L型撐體分腿的變化都包含以下3點：

1. 從較低的平面將髖部向上抬起，超過肩部。
2. 分腿並向上抬起，高過於頭。
3. 最後姿勢，肩部是張開的，縮緊髖部，雙腿併攏。

這是體操評分規則中的A級技巧。

L 型撐體併腿屈體手倒立—— 9 級

肩胛位置：首先做出L型撐體，肩胛下壓。當髖部開始向上移動，肩胛會外展且上提。當髖部高過肩部，且停止移動時，肩胛會完全上提以做出手倒立動作。

技巧：以L型撐體開始，手臂打直。在髖部向後面移動時，讓腿向後面伸展，肩部輕微向前移動。保持手臂伸直，伸展肩部，預防自己跌倒。因為分腿承受的壓力比屈體多，當髖部抬起時肩部需要向前傾。肩與髖部呈90度時，要立刻向上舉起雙腿，最後做出手倒立動作。

L型撐體併腿屈體手倒立（L-sit／Straddle-L Pike Press to Handstand，縮寫為L-Sit／Str-L Pike Press）為前一個動作的延伸。雙腿同時移動並伸直，並向前傾更多，這需要很多肌力。從L型撐體開始，接著將髖部向上抬起，最後變成手倒立的姿勢。

然而，這個動作也可以從L型分腿位置開始。雙腿一起移動，在手倒立前變成屈體姿勢。此動作的技巧與其他手倒立相同。每一步都要仔細拆解。

這是體操評分規則中的B級技巧。

吊環直臂 L 型撐體分腿手倒立—— 10 級

　　肩胛位置：首先做出L型撐體，肩部下壓。在髖部向上移動時，肩胛會外展且上提。在髖部與肩部呈一直線時，肩胛會完全上提，最後做出手倒立姿勢。

　　技巧：首先做出L型撐體，手臂與吊環平行。吊環可以是平行的，也可以是向外轉的。當髖部向上抬起時，身體向前傾、腿向後移動。保持手臂打直、肩部收縮以免滑落。因為分腿承受的壓力比屈體多，當髖部抬起時肩部需要向前傾。在髖部與肩部垂直時，抬起雙腿並向上展開髖部，最後做出手倒立姿勢。並保持吊環從頭到尾都在開始的位置（平行或向外）。

　　做吊環直臂L型撐體分腿手倒立（Rings Straight-Arm, L-sit, Straddle Press to Handstand，縮寫為R SA L-Sit Str. Press）時需要很多平衡及肌力。這動作對之前的吊環屈臂手倒立和吊環手倒立也有幫助。

　　這個技巧專注在控制吊環。因為需要穩定住吊環，使整個動作變困難。需要充分的肌力和控制來完成這個動作，在將吊環向外轉時，也會提供足夠的穩定性。

　　這是體操評分規則中的這B級技巧。

吊環直臂 L 型分腿手倒立— 11 級

肩胛位置：在吊環上做出L型分腿，肩胛下壓且些微外展。當髖部向上超過頭時，肩部外展且上提。當髖部高過肩部且呈直線時，肩部在此時會完全上提。一直持續上提至手倒立動作。

技巧：以直臂動作在吊環上做出L型分腿。吊環可以是平行的也可以是向外的。當髖部向上抬起時，身體向前傾，腿向後移動。手臂保持打直、肩部收縮以免滑落。因為分腿承受的壓力比屈體多，接著抬起髖部垂直肩部。在髖部與肩部垂直時，抬起雙腿並向上展開髖部。最後做出手倒立姿勢。並保持吊環一直在開始的位置（平行或向外）。

在進行吊環直臂L型分腿手倒立（Rings Straight-Arm, Straddle-L, Straddle Press to Handstand，縮寫為R SA Str-L Str. Press）時，前述動作的技巧使用在吊環直臂L型分腿撐體，動力會減少。所以訓練者必需擁有足夠的力氣來呈現整個動作。技巧與前個動作相同。由於吊環早就向外轉，因此不必擔心它的位置。只要輕鬆地向前傾，將髖部抬起，最後雙腿再合起來。

這個動作做起來乾淨俐落，因為分腿承受的壓力比屈體多，當髖部抬起時肩部需要向前傾。若你可以完整做出這個動作，表示肌力非常好。

這是體操評分規則中的B級技巧。

吊環直臂屈體手倒立—— 12 級

肩胛位置：做出L型撐體，肩部下壓。在髖部向上移動過頭時，肩胛會外展且上提。在髖部與肩部呈一直線時，肩胛會完全上提，最後做出手倒立姿勢。

技巧：做出L型撐體，手臂與吊環平行。吊環可以是平行的，也可以是向外轉的。當髖部向上抬起時，身體向前傾，腿向後移動。手臂保持打直，肩部收縮以免滑落。接著抬起髖部垂直肩部，開始抬起雙腿並提高髖部，最後做出手倒立姿勢。要一直保持吊環在開始時的位置（平行或向外）。

吊環直臂屈體手倒立（Rings Straight-arm, Pike Press to Handstand，縮寫為R SA Pike Press）。要完美漂亮地做出這個動作，難易度與要在雙槓或地上做平板撐一樣。當你可以做出這個動作，就表示你的體能已經大幅提升。它不像其他在吊環上的俄式撐體一樣困難，但要做得正確，則像在伏地挺身架或地板上做完整的俄式撐體一樣困難。除了從屈體位置開始這個動作，技巧與前面相同。在這之中，最困難的是要保持手臂的穩定。

在過程中必需向前傾，但是屈體位置則是使重心向後。運動中會有想要屈臂的趨勢，所以自己要更注意，不能屈臂。反而要保持手肘的姿勢，讓肩部承受壓力。這將會使肩部更有力，而能夠挑戰更多困難的動作，像是完整的俄式撐體、倒十字懸垂及馬爾他式。

這是體操評分規則中的B級技巧。

CHAPTER 25

拉的運動
PULLING EXERCISES

L 型撐體／L 型分腿撐體／V 型撐體／高抬臀撐體──進度表第 1 頁，第 9 欄

　　V型撐體與高抬臀撐體，訓練上有4種不同階段，每階段都會聚焦於不同的概念。為了避免模糊的指導建議（如「就再高一點」），這些技巧由各階段中的漸進動作組合而成。

　　照著進度表看下來，會發現標示的變化角度或多或少帶有主觀成分，但對了解自己在發展過程中處於A－C何種程度而言，是一個不錯的參考。這麼做是有好處的，因為在體操評分規則（Gymnastics Code of Points）中，V型撐體是A級技巧，而高抬臀撐體屬於C級技巧。級數上的難度，確實來自於對應的體操動作，但同時也能作為各階段進展的指標，這能套用到所列出的所有動作，不限於特定的進展。

　　你會注意到，進度表中每個級數角度都有許多變化。從100的度開始慢慢地減少。這是因為角度降低，反倒會讓力矩增加。當肌肉移至最佳活動範圍外，會讓處於外圍的肌肉肌力輸出減少。每增加30度，難度級數會倍數增加，如同十字懸垂與俄式撐體。

　　任何希望進行大量肌力訓練的人，至少要試圖學習V型撐體並進階至高抬臀撐體。這些技巧不只賞心悅目，對肩後關節與肩胛區域也是必要的保健。

　　因為以體操為基礎的徒手肌力訓練，會大量用到「雙手在身體前方」的動作，造成身體前側的肌肉失衡，最後導致「原始人」的形貌（肩部向前弓起、頸部前伸）。這稱為上交叉綜合症，不只看起來不正常，也會增加受傷機率。以下這一系列的動作會建構出健康的肩部，完成更長久的訓練，達到更優異的壯舉。

　　要注意的是，所有動作都要讓雙手保持在身後。多數初學者剛開始都會將雙手置於身體兩側。然而還是要試著習慣讓雙手置於身後進行訓練。當自V型撐體過渡到高抬臀撐體時，雙手置於身後是必要的，建議從級數較低的訓練，像是L型撐體開始。因為有時候你可能會希望在吊環或伏地挺身架上進行這些技巧，到時候雙手會在身體兩側抵抗身體向前。

階段一

團身 L 型撐體——1級

　　肩胛位置：肩胛骨要完全下壓並保持中線。要避免這姿勢讓你產生肩部前移，使胸部突出，或是對抗肩胛後收的傾向。

　　技巧：雙手向後撐地讓雙手在軀幹或髖部下，身體向後靠，重心轉移到雙手，慢慢撐起身體。

　　要保持團身L型撐體的姿勢非常簡單。在地板上進行時要確保肩部姿勢正確。如果無法在地板上保持這姿勢，也可以在雙槓、伏地挺身架，椅子或墊子上進行。

1.確定雙手保持伸直。
2.盡可能壓低肩胛（所以肩部不會向耳朵處抬高）。
3.雙腿與身體應呈45度，小腿與大腿則呈90度。

　　雙腿伸直會提高難度；如果發現進步得非常快，就有迅速晉級至下一級的能力。

　　如果還沒有抬腿懸空的能力，可以在椅子上進行這技巧。讓大腿與軀幹成呈90度，小腿與大腿也呈90度——就像一般坐姿，但手變成唯一的支撐點。

　　這是體操評分規則中的A級技巧。

單腳屈膝 L 型撐體—— 2 級

肩胛位置：肩胛骨要完全下壓並保持中線。要避免這姿勢讓你產生肩部前移，使胸部突出，或是對抗肩胛後收的傾向。

技巧：雙手向後撐地。以單腳屈膝坐姿，背往後靠讓重心在手的上方。隨後便讓腳完全抬離地板。

此階段是團身L型撐體進行到完全L型撐體之間的過渡階段。如果你從未做過完全L型撐體，那腹肌、髖屈肌、股四頭肌等肌群，可能會在抬腿時痙攣。此外，如果此技巧中股二頭肌柔軟度較差，則會感到緊繃並把腿拉回。如果是這樣的話，在熱身、訓練與運動後，例行性地進行一些股二頭肌活動度動作。

肌肉痙攣很不舒服，卻是相當正常的身體反應。在CHAPTER21談到一般徒手訓練常見的傷害中，有提到痙攣。痙攣大多只會在力竭與肌肉缺氧時發生。也就是會經常在訓練快結束並感到疲勞時發生。

如果你曾有肌肉痙攣的經驗，可針對該處按摩，然後繼續運動。無須害怕此類型的疼痛，這會隨著更高的訓練頻率與連續性而快速退散。1週運動2次，最好是3次，將可快速地擺脫這惱人的狀況。此外，當你仍感到精力充沛時，可試著訓練L型撐體與其他相關的技巧。

這是體操評分規則中的A級技巧。

L 型撐體── 3 級

肩胛位置：肩胛骨要完全下壓並保持中線。要避免這姿勢讓你產生肩部前移，使胸部突出，或是對抗肩胛後收的傾向。

技巧：雙手向後撐地。以雙腿伸直為坐姿，背往後靠讓重心在手的上方。隨後便讓腳完全抬離地板。

L型撐體僅靠伸直的雙手支撐身體，並抬腳至與地板平行的位置。要保持肩帶降低以免升高的肩部與耳朵越來越近。為了轉變L型撐體以外動作的技巧，像是雙手伸直的手倒立，就需要將肩部壓低以保持其「動態」與良好的姿勢。如果自先前步驟轉變至此技巧，主要重點放在身體呈90度時仍能將腿伸直。這有以下2種方法可進行：

加壓動作。重點在於在不彎曲膝蓋的情況下將膝蓋抬高至胸部位置，這會取代抬高腳趾時往往讓軀幹後傾的動作。這樣的加壓，會讓股四頭肌緊繃，並讓髖屈肌與腹肌盡可能地拉高。你同樣也可透過專項加壓動作（CHAPTER9的核心訓練）來改善。重點放在收縮股四頭肌、髖屈肌與腹肌，會比較像先前的運動。將腳放在地上，雙手則在腿旁，利用手下壓的肌力將腿抬起（好比讓膝蓋直衝臉部），讓有問題的特殊肌群分開。這帶來更強的收縮與更有效的加壓。加壓動作對肌力的發展相當關鍵。進階級數則是當手腳在地上要下壓時，雙手放在腿部外側。

根據目標，L型撐體與加壓動作佔訓練量各半。若要有出色表現，兩者都要訓練。一旦膝蓋能更貼近胸部與頭部，就可開始做加壓與股二頭肌伸展動作。當你已精通想達成的身體姿勢與靜態支撐，就表示需要更精細的加壓運動，進階到像是徒手倒立與高抬臀撐體等需要大量加壓技巧。

這是體操評分規則中的A級技巧。

L 型分腿撐體—— 4 級

肩胛位置：肩胛骨要完全下壓並些微前伸。不同於L型撐體，開始學習L型分腿撐體時，代表你將要前伸肩胛骨。

技巧：在地上呈分腿坐姿，將雙手放兩腿間。手推向地板將身體頂起，同時緊縮腹肌與髖屈肌，讓雙腿抬離地板。

雖然L型分腿撐體看起來跟L型撐體很像，但實際上是完全不同的運動。如果在這2種運動上都希望能有好的技術，就需要更密集的訓練。像L型分腿撐體的訓練量，就要比L型撐體還要多。

進行L型分腿撐體時，先於地上把腿張開至少90度。接下來將雙手置於腿內，幾近與肩同寬。這與L型撐體相較下更為不易，髖部容易阻礙重心向前轉移至手部。在動作的技巧補償上，要壓低肩部並前傾，讓更多壓力轉移到手上。相較於將手放在腿外，這動作難度較高，但還是要持之以恆。

當體重前移之後，便將腳抬離地板。這會因為腿與軀幹呈斜角而變得困難，腹肌無法有效控制骨盆。把腹股溝向腹部移動，此時髖屈肌會處於不利的姿勢，讓所有動作變得更困難，也更容易讓肌肉痙攣，尤其是股四頭肌與髖屈肌。當肌肉產生痙攣時，先暫停然後加以抖動以消除肌肉痙攣，然後繼續訓練。隨著不斷的訓練，肌肉痙攣終將停止。如果你曾經歷過最困難的訓練，你可以一次以單腿進行或做加壓動作。如果需要更多應對肌肉痙攣的方法，詳見第CHAPTER21。

要變化此技巧是非常容易的。可以將一隻手放在雙腿間，另一隻則放在任一腿外。如果在身體離地維持姿勢時遇到困難，可以先從習慣上述姿勢開始，然後努力訓練雙手置於雙腿間，直到進步為止。

這是體操評分規則中的A級技巧。

吊環 L 型分腿撐體—— 5 級

肩胛位置：肩胛骨要完全下壓並保持中線。要避免這姿勢讓你產生肩部前移，使胸部突出，或是對抗肩胛後收的傾向。

技巧：在吊環上手臂伸直撐起自己。接著讓身體呈現L型撐體（L型分腿撐體則是要讓髖部的位置在手的後方，然後抬腳呈L型分腿撐體，並讓雙手置於雙腿間下推）。在吊環上的姿勢，擺動起始姿勢時前臂與吊帶平行，到進入平行姿勢與擺動姿勢時，手掌需要向前推，並讓腳維持水平甚至更高。

上吊環前，先從穩定的平面開始，因為缺乏穩定會增加難度。L型撐體和L型分腿撐體在吊環上的技巧都跟在地板上一樣，但吊環上你必需要下壓雙環讓身體盡可能繃緊。

保持肩部下壓與緊縮腹肌、髖屈肌與股四頭肌。切記要盡可能緊縮身體任一部位的肌群——如此可幫助你穩定雙環。

在地板上訓練後還可以加上吊環支撐，肌肉如果痙攣，經擺動並按摩後，再進行訓練。如果需要更多應對肌肉痙攣的方法，詳見CHAPTER21。

這是體操評分規則中的A級技巧。

階段二

邁向 V 型撐體與高抬臀撐體的訓練

　　身為一個初學者，訓練V型撐體是在浪費時間，因為手通常都會朝前或朝外。高抬臀撐體變成可以取代的動作，因為高抬臀撐體提供跟V型撐體相同的角度。這就是為何需要訓練將手朝後的姿勢。角度雖相近，但參考的級數是固定的：

45度V型撐體——6級

75度V型撐體——7級

吊環L型分腿撐體——6級

吊環45度V型撐體——7級

吊環75度V型撐體——8級

吊環90度V型撐體——9級

　　速記：吊環V型撐體不列入進度表中，但因為在吊環上一定會不穩定，所以在此階段可用來評估。選擇性的吊環轉分腿姿勢，將幫助抬高髖關節，即使仍不穩定。

　　肩胛位置：肩胛骨要完全下壓並保持中線。要避免這姿勢讓你產生肩部前移，使胸部突出，或是對抗肩胛後收的傾向。

　　技巧：先從雙手在身後放在地上並呈分腿的姿勢開始。雙手應放在髖部後面，手指朝身體反方向。首先，先將重量盡可能放到手上。再來將肩部下壓，盡可能將肩部下推遠離耳朵。第三，如果試圖要讓腳趾碰到肩部，要繃緊腹肌與捲曲骨盆（你會希望髖部／鼠蹊部盡可能抬升）。接著後傾讓手撐地向後。腿部盡可能延展，然後抬離地板至所能承受最大角度，最終姿勢應能使其垂直。全程肩部下壓與保持圓狀的背部與骨盆。

精通此姿勢，這是讓你能進行至高抬臀撐體的關鍵。

乍看之下，透過特殊的腹部加壓動作就可以做到需要的角度，雖然這樣也沒錯，但並非做出高抬臀撐體的關鍵。手向後的技巧在動作發展上，扮演著很重要的角色。這姿勢一旦建立且被強化，可將髖部推向前，而這是進展到高抬臀撐體的技巧。以下有2種可達到目標的方式：

- 為了製造前臂與髖部的空間，僅專注在讓髖部推向前。這將讓你有更高的姿勢。你不會想要專注讓髖部往上，因為這會導致你手部後傾，且實際上也不會讓髖部抬離手部。
- 將手掌與手指向地上猛推，為了讓身體推向前，手直接盡力往後。同時間透過加壓的身體來阻抗，盡可能地緊繃。這同時可防止身體向後靠。

也許你能將腳隨時抬起呈V型45或75度，這取決於加壓能力。無須現在訓練，反而是要先看重下一階段，也就是上述臀部前移的加壓作用。在這個階段有2個重要的概念：強化臀部推舉的力量、提升核心加壓能力。每個要素都很關鍵，不只為了發展V型撐體與高抬臀撐體，還為了核心肌群的肌力與控制。

既然進展上原本就很困難，輔助運動可提供巨大的幫助。在高抬臀撐體的輔助訓練上，以下有2個建議：

德式懸垂／貓式懸垂──這對肩部來說是極佳的伸展動作，可讓肩部達到伸展極大化。高抬臀撐體需要肩部在可活動範圍中有絕佳的活動度。德式懸垂在進行高抬臀撐體訓練前尤其適合使用，因為靜態伸展對向肌群（胸肌、闊背肌、前三角肌）30秒或更長，可幫助抑制上述肌群產生肌力。下次在結束德式懸垂後進行高抬臀撐體，角度上可能會多10－15度的改善效果。

　　　　　股二頭肌伸展──高抬臀撐體含有向分腿下壓姿勢的推進，因此以分腿的姿勢伸展是最好的，各種股二頭肌伸展也會有幫助。一旦進步到高抬臀撐體訓練的下一階段，讓髖部明顯地向前推，抑制（鬆開）股二頭肌，四頭肌、髖屈肌、腹肌將會有更深的加壓，這可讓膝蓋在更小的阻力下抬近至臉部，讓你有更高的角度並改善平衡的技術。加壓動作可移動重心至手，讓力矩的產生源自手部，也讓肩部減少力矩。

階段三

100度V型撐體——8級

120度V型撐體——9級

140度V型撐體——10級

肩胛位置：當腿開始能移動到超過垂直姿勢及髖部置於身體前方時，肩胛將可讓肋骨提高。也許會因為雙手靠得較緊，肩部柔軟度才正開始邁向極限而顯得仍有點後收。但這都是正常現象。

技巧：先從雙手在身後放在地上並呈分腿的姿勢開始。雙手應放在髖部後面，手指朝身體反方向。首先，先將重量盡可能放到手上，再將肩部下壓，盡可能將肩部下推遠離耳朵。第三，如果試圖要讓腳趾碰到肩部，要繃緊腹肌與捲曲骨盆（你會希望髖部／鼠蹊部盡可能抬升）。接著後傾讓手撐地向後。腿部盡可能延展，然後抬離地板至所能承受的最大角度。一旦雙腿幾近垂直，讓髖部主動地推向前。可以想成是讓髖部推向前，或盡可能讓手推離身體越遠越好。

當你得到讓髖部抬升與抬高肩部高度的肌力時，代表已進入第三階段。運用所有能力，驅使髖部推向前。這階段所建構的肌力，讓後肩胛骨變得非常強壯。肩部失衡所造成疼痛或僵硬的問題終會消失，因為這階段的運動，讓肩部得到不可思議的活動度與肌力。

此時這裡有幾個輔助動作轉換到進階運動的例子：

　　有離心與無離心的高抬臀撐體——使用輔助物支撐身體，便可以達到高抬臀撐體達不到的姿勢。舉例來說，如果你在120度V型撐體無法再進步，可以利用椅子、沙發、墊子或尋求他人協助來支撐髖部，讓下背分開。為了停在更高的點靜止，從這位置開始讓手後推並讓背些微後靠。如果髖部位置正確，就可以以慢速離心從高點緩降至原本已能維持的高度（注意：如果有人支撐，當處於更高點時，請他們提供最低的協助來維持平衡，而非猛然鬆手）。

　　加速推動——以完整的關節活動範圍進行爆發的加速推動。當你發展高抬臀撐體到慢速與控制的階段時，會很快達到能力極限。爆發的加速推動讓高度較慢推時的高度更高，但在高速度與較高的姿勢下，會很難控制身體姿勢，所以臀部很有可能會往後倒。之所以如此有幫助，就是因為爆發力與肌力間的關係。建構基礎肌力來增加潛在的速度，但建構爆發力（同樣的動作做得更快）則可增加速度與肌力。然而，快速的動作維持姿勢的時間較短，所以無法建立靜態平衡，也會犧牲整體的訓練量。

　　結合推、高抬臀撐體與加速推動，將有助於成功達成高抬臀撐體。訓練主要由推至高點、維持高抬臀撐體這2部分構成。配合多數最大關節活動範圍的技巧，是建立該最大範圍技巧的最好方法。基於以下3種理由：

1. 能達到最大關節活動範圍是因為柔軟度。
2. 等長肌力的收縮，在30度時會產生最大肌力。
3. 槓桿下降時在最大關節活動範圍施加壓力，可產生最大肌力。

階段四

155度V型撐體——11級
170度V型撐體——12級
高抬臀撐體——13級

肩胛位置：肩胛骨要完全下壓並保持中線。要避免這姿勢讓你產生肩部前移，使胸部突出，或是對抗肩胛後收的傾向。

技巧：先從雙手在身後放在地上並呈分腿的姿勢開始。雙手應放在髖部後面，手指朝身體反方向。首先，先將重量盡可能放到手上，再將肩部下壓，盡可能將肩部下推遠離耳朵。第三，如果試圖要讓腳趾碰到肩部，要繃緊腹肌與捲曲骨盆（你會希望髖部／鼠蹊部盡可能抬升）。接著後傾讓手撐地向後。腿部盡可能延展，然後抬離地板至所能承受最大角度。一旦雙腿能幾近垂直，讓髖部主動地推向前。可以想成是讓髖部推向前或盡可能讓手推離身體越遠越好。然後想像手指深陷地板，專注將髖部推向天花板，也盡可能讓膝蓋拉向臉部，將加壓最大化。

將髖部置於高於肩部的高度，是目前為止最困難的一部分。就算你無法將其撐壓至該姿勢，但要是能短暫地將其繃起或勾起，還是能維持高抬臀撐體的姿勢。要是擠壓動作與股二頭肌柔軟度有顯著進步，便確認你會從這方面繼續進階。

繼續訓練撐壓到高抬臀撐體的動作，從這技巧建構的肌力將可幫助你預防傷害，持續改善伸展肌力，強化正確的基本姿勢，超越訓練進度。加速推動與正常慢速且可控制的推動，在此階段應視為主要的項目。如果需要幫助或要進行高抬臀撐體，可利用支撐物使髖部得到些微的支撐。

相較於其他支撐的動作，最後的25度可能會是最讓人沮喪的部分。繼續加油——因為如果你做到了這25度，就會擁有世界上不可多得的靜態肌力技巧（和健康的肩部）。

這是體操評分規則中的C級技巧。

後槓桿——進度表第 2 頁，第 1 欄

握

　　體操選手的基礎肌力中，後槓桿是一種首先會學到的靜態基礎肌力動作。練成紮實的後槓桿，將會讓身體適應諸多高級肌力動作，像是十字懸垂。

　　你可以在單槓或吊環上進行後槓桿，難度大致相同，可依個人喜好或可用器材來決定。當使用單槓時，切記開始時要讓雙手固定放在正確的位置。建議採用反握（手心向自己）進行。於吊環上，在動作期間可視需求調整握法。

正握（手掌向前）VS. 反握（手掌向自己）

　　當在單槓上以掌心自然朝自己握槓時（反握），讓身體在前後轉動（雙臂間）。若在吊環上，手的姿勢位置到身體顛倒前都不是很重要（掌心自然面向身體）。一旦開始進行較低的後槓桿，握法內翻並讓掌心面對身體的位置。

　　反握可改善手肘結締組織的肌力，讓肱二頭肌得到更多肌力，這對接下來的進度同等重要。即使手肘沒有發生過運動傷害，但第一次進行應該還是會感到不適，這是很正常的。在維持姿勢時要讓肱二頭肌使力收縮以抵消不適，也可保護關節。

　　當開始進行等長收縮時，之前提的壓力會讓手肘產生一些疼痛，但要是手肘有受傷的問題，像是過度伸展或曾經受過傷，可能會使傷害加劇，必需回過頭進行額外的預防。

關於預防與過度使用的運動傷害，首先要排除不正常的動作，以不感到疼痛與單獨替代肱二頭肌的動作進行1至2週。這樣的時間往往足夠改善此問題，並能繼續接下來的訓練。再來就是過度自信可能會讓你停不下來，這時就需要降低強度，讓進度緩一緩。這對尚未進行過反握，或是進度過快（很多疼痛的個案都是因為強度太高所引起）是非常重要的。第三是要意識到獨立肌群訓練的必要性，一般肱二頭肌彎舉，可強化肱二頭肌與手肘的結締組織。對感到疼痛的結締組織來說，較高的反覆次數看起來會是比較好的——尤其是20至40次，以2至4組為目標組數的輔助訓練。

假設有受傷的狀況或其他顧慮，導致槓桿反握無法達到目標，就不要進行反握的動作了。

德式懸垂—— 1 級

肩胛位置：放鬆時讓肩胛上提並後收。如果肩部能動作，代表能下壓且維持中線或些微後收。

技巧：當在槓上或吊環上時，透過手臂將身體上拉，然後慢慢降低呈德式懸垂的姿勢。全程讓手反握是較理想的狀況。

德式懸垂是體操的基本姿勢之一。主要用在肩部過度的伸展方面，像是高抬臀撐體此類的進階技巧。這是一種基本的起始姿勢，用來訓練手肘與肩部的結締組織，為日後進入更多槓上與吊環進階的技巧做準備。如果已習慣反握，未來將會獲得非常多的效益。這對肩部柔軟度差的人來說，也是很好的伸展動作。

德式懸垂對初學者的肩部或手肘來說，有時可能會過於困難。如果有類似的情況，可利用能幫你撐起身體重量的物品來輔助進行，如讓腳放在箱子上。又或者如果能使用吊環，便可降低吊環讓腳踩在地板上。這些方式都能藉由輔助下肢來有效減輕上肢的重量。慢慢地訓練至不用輔助下肢而能呈現完全懸垂的姿勢。

貓式懸垂── 2 級

肩胛位置：肩胛開始在倒屈體的姿勢外展或在倒掛的姿勢下壓。這些將讓德式懸垂的姿勢提高，但保持肩部活動的情況下，則無法一直提高。一旦恢復成倒掛或倒屈體時，肩胛則會再度下壓。

技巧：開始在吊環或槓上做倒屈體或倒掛（直立身體的倒屈體）時，先進入德式懸垂的姿式，然後慢慢地控制讓髖部彎起。這時可能會需要彎曲膝蓋來獲得更大的控制。當達到動作的最頂點，放鬆然後感受伸展的感覺。接著啟動肩部並將身體向後拉起，呈倒屈體或雙腿伸直倒掛的姿式。也可以團身，做起來就會簡單些。

貓式懸垂是體操選手的俗稱，是種在德式懸垂的基礎上轉出與轉入的動作。它能替後槓桿與其他較高等級的動作建立肩部柔軟度與肌力。在後槓桿的進程上增加德式懸垂，可讓初學者更易上手。此動作能建立肩部與手肘的柔軟度與肌力，也能強化結締組織，以進行後槓桿與更進階的動作。

團身後槓桿—— 3 級

肩胛位置：肩胛骨將下壓並保持中線，既不前伸也不後縮。前伸肩胛會產生胸部突出，後縮肩胛會產生拱背，而這2種動作都是要避免的。

技巧：利用腹肌與髖屈肌將膝蓋拉起，讓膝蓋縮進胸部。一旦髖部達到肩部實際的水平位置（特別是髖部大轉子——髖部周遭最硬的骨頭），就要維持這姿勢不動。如果要從其他姿勢轉變到團身後槓桿，便要讓身體壓低，並讓身體緊繃來維持這姿勢。

團身後槓桿（Tuck Back Lever，縮寫為Tuck BL）是後槓桿進程中最簡單的動作。這種等長收縮同樣可變成訓練關節活動範圍的動作。可以從倒掛的姿勢慢慢降低至團身後槓桿姿勢。自團身的倒向姿勢開始，要緊繃胸肌、闊背肌、前三角肌。這可以讓你控制身體，慢慢往後下降，也可讓主要的肌群維持緊繃並控制動作。

在進行這些動作時，以下有2種常見的錯誤會阻礙肌力發展：

1 為了讓動作更簡化，會把手拉近身體與擠壓闊背肌。這對於起始動作無力，與無法維持良好姿勢的人或許有點幫助。然而，你會希望自己逐步消除這些壞習慣，且這會讓肩胛容易後縮並導致拱背。

2 允許胸部向前。這雖然有助於接著進行的團身動作，與提供力學優勢，但反而會忽略在初始點建立正確的肌力。此外，類似原始人的姿勢也不美觀。應立刻將其排除，未來陸續學新的姿勢時，便不用再花時間糾正。

如果對於姿勢的維持仍有狀況，可進行反向動作，從手倒立懸垂進行至倒向的德式懸垂，以及像是有完整關節活動範圍的動作，如從德式懸垂的姿勢翻出來再回到手倒立懸垂。上拉與划船動作同樣有利於後槓桿等長收縮的發展。基本上，如果在維持靜態姿勢上遇到困難，要利用動態動作作為輔助。

進階團身後槓桿—— 4 級

肩胛位置：肩胛骨下壓並保持中線，不前伸也不後縮。前伸肩胛會導致胸部突出，後縮肩胛會產生拱背，而這2種動作都是要避免的。

技巧：進行此動作的技巧，在於收縮背部肌群與挺出軀幹。正常的團身後槓桿，會拉起膝蓋到胸部與收縮背部，然而對進階團身後槓桿來説，則需要挺直軀幹——從肩部開始，經由身體到髖部，讓大腿與軀幹能呈90度為目標。

進階團身後槓桿（Advanced Tuck Back Lever ，縮寫為Adv. Tuck BL）是延續進階團身的下一階。從挺直軀幹開始，因為讓重心些微推離肩部及增加關節力矩，將會開始讓難度增加。如果上述階段已熟能生巧，就可讓膝蓋遠離胸部，增加髖部的角度，希望可以讓膝蓋與髖部的角度都是90度。動作技巧和團身後槓桿相同，記得保持反握、挺胸，雙手不要過度靠近。肩部增加的力矩會讓手肘負荷更大的力矩，增加的壓力可能或引起痠痛。要修正這些問題，可參考之前團身後槓桿提過的方式。

要讓這動作簡單些或困難些，取決於腳踝的重量，或是加重背心，或是不以直背的方式改變大腿位置。這能讓你回復（如有需要）或是進步到下一階。

分腿後槓桿—— 5 級

肩胛位置：肩胛骨下壓並保持中線，不前伸也不後縮。前伸肩胛會導致胸部突出，後縮肩胛會產生拱背，而這2種動作都是要避免的。

技巧：進行此動作的技巧，是手倒立懸垂時分腿，然後降低至後槓桿。另一種方式是降低至團身姿勢後，然後伸展身體做分腿姿勢。當你先前可達髖部與肩部呈直線的目標，現在則可讓全身——從髖部、膝蓋、腳趾都呈直線。

分腿後槓桿（Straddle Back Lever，縮寫為Straddle BL）做得好不好，取決於分腿。如今則應要訓練壓縮，如L型分腿撐體、多種手倒立上推等需要柔軟度的動作。

如果從未於這樣的壓力下訓練分腿姿勢，髖部區域則容易產生肌肉抽痛。維持此姿勢時盡可能忍住，直到無法支撐。訓練之後，肌肉抽痛的情況很快就會消失（更多關於肌肉抽痛的資訊請見CHAPTER21）。

接下來的技巧，一樣只是將重心拉遠。這會增加肩部力矩，讓動作做起來更難，這同樣也增加手肘力矩，對關節加諸更多壓力。要修正這些問題，可參考之前提過的方式，雖然會讓增加壓力的時間更長。

半直體單腳屈膝後槓桿── 6 級

肩胛位置：肩胛骨下壓並保持中線，不前伸也不後縮。前伸肩胛會導致胸部突出，後縮肩胛會產生拱背，而這2種動作都是要避免的。

技巧：除了膝關節彎曲至90度之外，半直體姿勢的所有關節都是一直線的。反向至分腿姿勢，彎起雙腿並互相碰觸。踢單腿姿勢，是一腿踢出，然後另一腿要從髖部到腳趾完全伸直，在不壓迫軀幹的前提下，要盡可能彎曲另一條腿。膝蓋彎曲的那隻腳，腳趾應該要碰到腿伸直的膝蓋。

這相近的2種姿勢，重心都比分腿後槓桿來得遠。過渡到直體後槓桿前，透過身體知覺來增加姿勢的難度。選擇半直體姿勢，會讓你有更好的身體位置。對齊膝蓋與髖部是很重要的，這可保持良好的身體知覺，可在其他的技巧上派上用場。這姿勢是很難維持的，因此多數初學者會進行踢單腿的姿勢。如果可以，讓2種姿勢都可以變成至直體後槓桿的姿勢。

記住，增加肩部的力矩會增加動作難度，增加手肘的力矩則會增加關節的壓力。要解決此問題，請見之前後槓桿部分的建議。

直體後槓桿—— 7級

肩胛位置：肩胛骨下壓並保持中線，不前伸也不後縮。前伸肩胛會導致胸部突出，後縮肩胛會產生拱背，而這2種動作都是要避免的。

技巧：為了要產生張力，要讓身體保持直線並收縮所有肌肉——特別是核心、臀大肌、股四頭肌。固定肩胛位置，且當頭部呈中線位置，將手拉向髖部，這時你會發現如果過度收縮臀大肌，會些微後拱（如同上面的圖）。要避免此狀況。

直體後槓桿的技巧（Full Back Lever,縮寫為Full BL）就像分腿後槓桿，只是雙腿靠攏並互碰。肩部應與髖部列於同一線上，髖部也與膝蓋、腳踝與腳趾列於同一線上。身體應打直並與地板保持平行。

這時候，最常見的缺失就是拱起肩部與背部。理想的狀況是，跟友人一起訓練或用攝影機拍下動作讓自己檢視並矯正。如果有鏡子，一樣可於訓練時使用。

恭喜！現在的你已進展到能維持夠久的靜態姿勢，可於姿勢不佳時，讓肩部保有好的柔軟度及身體知覺。同樣地，肌力也將大幅增長。

這是體操評分規則中的A級技巧。

後槓桿引體倒掛──8 級

肩胛位置：肩胛骨下壓並保持中線，不前伸也不後縮。前伸肩胛會導致胸部突出，後縮肩胛會產生拱背，而這2種動作都是要避免的。肩胛骨在上拉過程中應保持下壓與中線。

技巧：從德式懸垂或之前所提的動作，以壓入、跳入或移入的方式進入直體後槓桿姿勢。在手拉向髖部時保持身體呈直線。腳會開始抬起呈手倒立懸垂，要一直拉到能呈現這姿勢，並以對握的方式進行。當你可以吊起來，以握姿勢開始過渡到反握，反握的握姿對肱二頭肌與手肘的結締組織而言是好的。

現在你已能從固定姿勢的維持過渡到動態的姿勢。在進行離心收縮動作時，肌肉會很有力，但在等長收縮時會較無力，在向心收縮時則會最弱。學習等長收縮後，在訓練向心動作時，會需要更多的肌力。

當進行後槓桿引體倒掛（Back Lever Pullout,縮寫為BL Pullout）時，試圖收縮背部所有肌肉，但不收縮腹肌與胸肌，而這樣做可能會讓脊椎拱起。要避免只單靠胸大肌、闊背肌、前三角肌拉起身體。這也許能幫助移動重心，髖部周遭會高於頭。移動腳趾到頭上基本上會讓背部拱起，所以要記得從身體重心開始移動。

德式懸垂引體倒掛—— 9 級

肩胛位置：肩胛位置將會開始提高，緊縮肌肉使其下壓並啟動動作，便會在整個拉起的過程中保持下壓和中線的姿勢。

技巧：以德式懸垂開始動作，接著讓身體挺直背部，使其不會突出。將手拉至髖部時，讓身體保持直線。腳會開始抬高，要將腳拉高至達成手倒立懸垂姿勢，且以對握進行。以對握開始，當可以時轉成反握，因為反握對肱二頭肌與手肘的結締組織是好的。

德式懸垂引體倒掛（German Hang Pullont,縮寫為GH Pullout）是增加關節活動範圍，讓後槓桿引體得以進階的動作。這技巧從完整的德式懸垂，且肩部放鬆開始。此動作要點在於緊繃身體，然後啟動此技巧所需的部分肌力。當身體可以呈直線且堅挺，利用肩部關節角度劣勢拉起身體，放慢速度且在自己可控制的情況下進入手倒立懸垂。

我們常從一開始的伸展利用一點衝力來輔助動作加速，這會讓動作做起來輕鬆點，但也會失去獲得肌力的機會。要避免此狀況，且要單以肩部來進行拉抬的動作。

這也許能幫助移動重心（近髖部周遭）使其高於頭，因為移動腳趾到頭上基本上會讓背部拱起。

屈臂引體後槓桿—— 10 級

肩胛位置：在懸垂的姿勢時，肩胛會開始提高。當開始引體向上與轉體時會些微下壓與後縮。要避免當撐起身體至一半時，肩胛自然地往後縮。一旦下降到後槓桿姿勢，肩胛會停止下壓與呈中線。

技巧：於吊環上呈開始姿勢，然後進行引體向上與撐起的姿勢，再將手肘轉到身體後方。隨後身體向前傾斜並慢慢延伸手臂直到全部伸直，並呈後槓桿姿勢。

從傳統後槓桿姿式進入到屈臂引體後槓桿（Bent-Arm Pull-up to Back Lever,縮寫為BA Pull-up to BL）是有點難度的。然而它以後槓桿姿勢結束，且確實是用來訓練拉起的技巧，並使用後槓桿培養出的肌力。

首先，引體向上（手肘可依個人選擇朝外或朝內）至最高點，然後前傾進入撐體姿勢。重點在於讓手轉動且向後，因此手掌會在你身後面向你。當你轉動手部，要讓腳向後移動，好讓身體能更與地板平行。從這裡開始利用胸部與胸大肌控制身體呈直線，並伸展成後槓桿姿勢。

此技巧並不會特別難理解或進行，主要問題在於進行此動作時，肩部與手肘肌力的多寡，尤其是吊環向外轉動，以及進入後槓桿姿勢需要伸直手臂。若你有明顯不適或疼痛感，則要避免進行作，直到關節結締組織的肌力狀態良好。

這是體操評分規則中的B級技巧。

手倒立轉後槓桿—— 11 級

肩胛位置：在手倒立的姿勢時，肩胛會開始提高。當進行上水平與中水平姿勢時，肩胛會轉為下壓與後縮。當完成後槓桿姿勢，肩胛會下壓與呈中線。

技巧：以吊環手倒立動作開始，接著將肩部推向前，此時在吊環上，身體會呈半肘槓桿姿勢，從這裡開始，讓身體跟吊環維持相同高度並與地板平行。手臂先彎曲，然後慢慢延展手臂最後伸直，就會呈後槓桿姿勢。此技巧實際上包含先由中水平姿勢（跟吊環同水平並伸直身體），降低至手肘位置再伸直，再降低至後槓桿。

手倒立轉後槓桿（Handstand Lower to Back Lever,縮寫為HS Lower to BL）是饒富趣味的技巧，同時包含推與拉的技巧，但卻很適合後槓桿的進程。

如同之前的技巧，有一件事會導致摔落的狀況。如果你慢速降低時控制身體的肌力不夠，身體在呈現後槓桿動作時會不斷抖動。此動作會讓肩部與手肘更強壯，因此你可以退一步，專注在訓練肌力上，可以利用輔助器具或請人幫忙。

這是體操評分規則中的B級技巧。

前槓桿──進度表第 2 頁，第 2 欄

前槓桿是次要的靜態技巧，困難點在於闊背肌稍微被拉長，但胸大肌卻又比正常長度還要短。正如你所想的，肌肉在正常長度範圍內，是最有肌力的。

訓練前槓桿應該排在後槓桿之後或同時進行。這對吊環肌力進階技巧來說，將會打下強而有力的基礎（看起來也很酷）。

團身前槓桿── 4 級

肩胛位置：肩胛在前槓桿上的位置常令人倍感困惑。進行前槓桿時，肩胛會下壓並維持中線，需要用力拉才能避免下壓與前伸，直到下壓與後縮，最終會以下壓與中線的姿勢完成。

技巧：先呈懸垂的姿勢，手伸直或彎曲然後上拉身體，呈前槓桿姿勢。穩定髖部與肩部，讓膝蓋能縮向胸部，並讓手向前推往髖部並維持姿勢。

當進行團身前槓桿（Tuck Front Lever,縮寫為Tuck FL）時，你可利用手的肌力，不論是對握或正握。這完全依個人喜好，但正握可用更多的道具（水平槓、樓梯間、門柱、樹枝等）來訓練。這樣會更容易在外找到地方訓練，且讓訓練不會因各種原因（如出差）而中斷。

注意上述的技術部分，其中關鍵是當在槓上或吊環上運用下壓力時，讓肩胛下拉並集中。這產生肩胛向下向後縮的「口袋肩部」（packed shoulder）位置，並透過軀幹啟動所有肌肉，來給予所謂的槓桿優勢。

進階團身前槓桿—— 5 級

肩胛位置：肩胛在前槓桿上的位置令人倍感困惑。進行前槓桿時，肩胛會下壓並維持中線，需要用力拉才能避免下壓與前伸，直到下壓與後縮——最終會以下壓與中線的姿勢完成。

技巧：做起來很像標準團身前槓桿，但背要伸直來增加肩部的力矩。一旦你能輕易做到，便將膝蓋抬向胸部，讓髖部與身體呈90度，最後再讓膝蓋也呈90度。軀幹姿勢維持不變以利進行前槓桿。

進階團身前槓桿（Advanced Tuck Front Lever,縮寫為Adr. Tuck FL ）為進階的訓練內容。如果還不夠強壯，可用先前的動作以離心或向心撐體的方式，來幫助此動作所需足夠的等長肌力（但也許這並非所需）。上拉的感覺像是用手握住槓來趨近膝蓋與髖部。記得進行此動作時，讓肩胛緊縮一起。

然而，專項肩胛的訓練是有效的，你可以在槓上或吊環上懸垂然後進行聳肩動作，以訓練肩胛下壓。同樣地，可進行肩胛上拉運動，然後傾斜胸部，讓胸部朝向天花板，這可有效強化前槓桿姿勢的肩胛。

分腿前槓桿——6 級

肩胛位置：肩胛下壓在前槓桿上的位置常令人倍感困惑。進行前槓桿時，肩胛會下壓並維持中線，然而需要用力拉才能避免下壓與前伸，直到下壓與後縮，而這麼做最終會以下壓與中線的姿勢完成。

技巧：雙腿於此技巧進行時盡量越開越好，然後讓肩關節、髖關節、膝蓋與手肘呈一直線，讓背部保持平整，身體從側面看過去會呈直線。初學者可能會發生姿勢維持錯誤——軀幹凸起，所以必需要保持軀幹平整。如果難度增加得太快，可回到之前部分，進行離心與向心的撐體，再進行此技巧。

要精通分腿前槓桿（straddle Front Lever,縮寫為Stranddle FL）的技巧，取決於雙腿能張得多開。如果你還未做過加壓運動與L型分腿撐體，那現在就進行。若從未在身體重壓下訓練分腿姿勢，那可能會在髖部產生肌肉抽痛，而在維持姿勢不動時將其忍住是最好的辦法。這可能會是個惱人的問題，甚至會讓你咒罵叫囂，但堅持住，然後回頭再進行一遍。只要持續訓練，抽痛會自然消失。

試圖超越進階團身前槓桿的階段時，常見的主要弱勢通常都是沒有強壯的主要作用肌（胸大肌與闊背肌）。這反而衍生出後肩部與肩胛的問題。如果主要作用肌無力，且始終是如此，就會限制肩部的肌力輸出。身體會抑制肌力的產生，因認為額外的肌力會引發關節的不穩定。

通常要特別注重後肩部並解決相關問題（在任何情況下都要保持肩部健康）。高抬臀撐體的訓練是很好的工具，強化後肩肌肉且訓練擠壓，是分腿前槓桿的必備條件，也是做好其他訓練的必備條件。如果你想開始高抬臀撐體的訓練，但又尚未有足夠的準備，或還沒開始，可以回到前槓桿的訓練並專注在高抬臀撐體上。

半直體單腳屈膝前槓桿── 7 級

肩胛位置：肩胛在前槓桿上的位置常令人倍感困惑。進行前槓桿時，肩胛會下壓並維持中線，然而需要用力拉才能避免驟降與前伸，直到下壓與後縮，而這麼做最終會以下壓與中線的姿勢完成。

技巧：半直體單腳屈膝的姿勢下，所有關節會呈一直線──除了呈90度彎曲的膝蓋。跟分腿的姿勢相反，雙腿會下彎並互碰。至於踢單腿姿勢，會將一腿踢出並讓髖部至腳趾整段伸直，另一腿屈膝越緊繃越好，但不擠壓軀幹。通常屈腿端的腳趾，會碰到另一伸直腿的膝蓋。

這2種姿勢都會讓重心推得比分腿後槓桿遠，因此勢必得依賴自身的身體知覺。在進行至直體前槓桿前，你可利用這2種姿勢的其中1種來增加難度，以利進入直體前槓桿。

半直體單腳屈膝的姿勢，是維持良好身體姿勢的首選，從髖部起對齊雙膝是重要的，這可維持良好的身體知覺，且適用於其他技巧。此姿勢很難維持，因此踢單腿前槓桿會比較容易上手。為了下一階段的直體前槓桿，如果可以，2種姿勢都要訓練。

這姿勢動作技巧上最常見的缺失，跟分腿前槓桿一樣──要克服垂下或彎曲的髖部、胸突，或背部肩胛部分的無力。為了進階至下一級，要注意上述衰弱的區域。

直體前槓桿—— 8 級

肩胛位置：肩胛在前槓桿上的位置常令人倍感困惑。進行前槓桿時，肩胛會下壓並維持中線，然而需要用力拉才能避免下壓與前伸，直到下壓與後縮，而這麼做最終會以下壓與中線的姿勢完成。

技巧：維持這樣的姿勢，需要身體從肩部到軀幹、髖部、膝蓋、腳踝再到腳趾，都維持直線（要特別指出這點）。進入本動作前，得到全身的張力是很重要的，這能讓姿勢更容易維持且更持久。

就像前一級動作，進行直體前槓桿（Full Front Lever,縮寫為Full FL）時最常見的缺失就是圓背——肩部會在不知不覺中獲得力學優勢。理想的情況是，找人協助或錄影，進而改善動作，而面對鏡子也同樣可行。以下提供可用的訣竅：

- 可考慮使用離心動作。舉例來說，以慢速倒懸垂的離心動作，進入前槓桿或懸垂姿勢，可以為前槓桿建立肌力。
- 前槓桿在有肩後關節肌力的輔助下，以及結合全方位肌力時，其反應會特別好。這可能包含肩胛與肩旋轉肌的訓練。
- 前槓桿引體向上也是另一種不錯的輔助運動。
- 高負重的硬舉對前槓桿也相當合適。當你開始硬舉，延脛骨拉起槓鈴，這動作轉換是較佳的。其他領域的強壯運動員，可以不用訓練就進行前槓桿。
- 側槓運動可以提升衰弱的軀幹與核心，可改善肩部肌力，以保持手臂伸直。

不像是前槓桿動作，有非常多不同的訓練可以發展直體前槓桿動作，因此可藉由多種不同的方法達到成功。

這是體操評分規則中的A級技巧。

前槓桿引體倒掛—— 9 級

肩胛位置：開始進行前槓桿時往往會對肩胛骨的位置感到困惑，而進行前槓桿時，肩胛會下壓並維持中線。需要用力拉才能避免下壓與前伸，直到下壓與後縮，而這麼做會讓姿勢最終以下壓與中線的姿勢完成。當你將姿勢變成倒掛，肩胛應全程維持中線與下壓，只有肩部會動。

技巧：開始進行前槓桿時，讓身體擠壓繃緊全身肌肉，尤其是核心肌群、臀大肌與腿部。然後用力將手拉向髖部然後身體維持直線，便完成倒掛。

與後槓桿相反的是，前槓桿引體倒掛（Front Lever Pull to Inverted Hang,縮寫為FL to Inv.）的難度在於，要克服趨向身體前方所有肌群的收縮。這會讓軀幹不平衡且縮小髖部的角度。你會想要避免這類的拉力，並僅依賴胸大肌、闊背肌、後肩產生的肌力來移動身體。

完成前槓桿等長動作後，能藉由離心動作練習銜接動作的空檔。以離心收縮進行反向動作，會讓向心的動作變強。其他自前槓桿所獲之訣竅一樣有效。

懸垂引體倒掛── 10 級

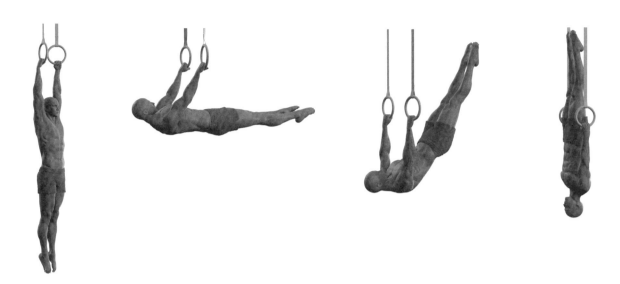

肩胛位置：將肩胛提高，然後下壓肩胛以啟動肩部。當上拉至前槓桿與倒掛時，將注意力集中在維持肩胛下壓與用力後收。上拉看上去很像下壓與中線位置，但這是正常的。

技巧：以懸掛姿勢開始，讓身體擠壓繃緊全身肌肉，尤其是核心肌群、臀大肌與腿部。然後用力將手拉向髖部，身體姿勢維持直線，便完成倒掛。

啟動懸垂引體倒掛（Hang Pull to Inverted Hang，縮寫為Hang Pull to Inv.）時，為了要從底部抬起，你會很想利用推動力產生加速度的方式進行。如果一開始有需要的話可以採用，但要隨訓練進度漸漸停用。因為目標在於強化肩部肌群的肌力，而非推動力。

進行本訓練時，將肩胛拉起是非常有用的，因為這會將肩胛拉至正確位置。一般動作都缺乏肩胛的肌力，因此如果在沒有推動力下進行此動作仍力不從心時，便要解決此區域的衰弱。

前槓桿轉圈—— 11 級

肩胛位置：以懸垂姿勢開始，並將肩胛提高，然後下壓肩胛以啟動肩部。當上拉至前槓桿與倒掛時，將注意力集中在維持肩胛下壓與用力後收。上拉看上去很像臂屈伸與中線位置，但這是正常的。

技巧：以懸垂姿勢開始，想像自己前面有個人體時鐘，自己的腳就是時鐘的時針。先讓身體與手臂在同一面上對齊，讓腳拉至同側。如果要以左側進行，讓身體撐直並讓腳移動至7點鐘方向，然後依序8、9、10、11點鐘方向直到12點，並呈手倒立狀。接著一路慢慢並控制身體降低至6點鐘方向。確保兩側都有進行以利發展上的平衡。

進行前槓桿轉圈（Circle Front Levers，縮寫為Circle FLs）前，潛在的中間步驟，是你可用前槓桿的姿勢並排進行。這在一開始時會比轉圈的動作更合適。實際上，你需要以腳橫過身體來畫橫線。

整體上來說，這動作在做完直體前槓桿引體倒掛後最為有用。重點在於身體無法伸直，並減低槓桿作用。也因為完整的動作已可能進行，增加接下來的挑戰難度是可行的。而這可在較低等級動作中完成，並非一定要在此階段。

當你在此動作上獲得改善，可以讓腳移至更外側，或是穿負重背心或腳踝加重環來增加難度。

前槓桿划船──進度表第 2 頁，第 3 欄

前槓桿划船是受人偏愛的水平拉的運動，也是被高度推薦讓肩部保持平衡的動作。進行結合 L型撐體／V型撐體／高抬臀撐體的動作（可能加入水平划船），而這些動作能讓肩部保持平衡。

團身前槓桿划船── 5 級

肩胛位置：以團身前槓桿開始，讓肩胛下壓並保持中線。將肩胛後收使其保持中線。當將髖部拉近槓時，讓肩胛能更下壓與後收，並移動到最完全後收的姿勢。當降低背部至起始位置時，讓肩胛完全下壓但前伸到中線的空間。

技巧：團身前槓桿划船的姿勢，跟團身前槓桿一樣都是靜態姿勢。讓髖部與肩部對齊，並與地板平行。團身姿勢中，軀幹應不平且膝蓋向胸部屈膝。當開始上拉時，持續讓髖部與肩部對齊並與地板平行。讓手肘降低直到脛骨碰到橫槓，然後再控制身體慢慢回到起始姿勢。

進行團身前槓桿划船時（Tuck Front Lever Rows，縮寫為Tuck FL Pull），因為脛骨會撞到橫槓，關節活動範圍會變短。要避免此情況，可改在雙槓上進行。別成為常見錯誤下的受害者：髖部落下。再三確認髖部與肩部是呈直線，並與地板平行。而第二常見的錯誤，則是讓肩部處在前伸的狀態，這是一般肩胛後收衰弱的信號。這發生在多數人身上，因此訓練後例行的專項肩胛後收訓練絕對有幫助。

有些人會告訴你想像拉的動作，就像將手拉向髖部，或是在這裡提到的拉向脛骨。以手肘來比喻會比較合適，因為常見的錯誤是讓髖部落下，而軀幹更挺直。想像手肘對軀幹施力以利跟地板保持平行。這是保持團身的簡單方式，也是進行此動作時正確的技巧。

進階團身前槓桿划船—— 6 級

　　肩胛位置：以進階團身前槓桿開始，讓肩胛下壓並保持中線。將肩胛後收使其保持中線。當將髖部拉近槓時，讓肩胛能更下壓與後收，移動到完全後收的姿勢。當降低背部至起始位置時，讓肩胛完全下壓但有前伸到中線的空間。

　　技巧：以進階團身前槓桿的姿勢開始，讓髖部與肩部對齊，並與地板平行。進階團身姿勢中，軀幹應撐直且彎曲髖部呈90度。從這姿勢開始上拉時，持續讓髖部與肩部對齊並與地板平行。讓手肘降低直到髖部碰到橫槓，然後再控制身體慢慢回到起始姿勢。

　　進階團身前槓桿划船（Advanced Tuk Front Lever Rows，縮寫為Adv Tuck FL Rows）時，提供較之前團身前槓桿划船更大的關節活動範圍，因為脛骨不在拉的過程中，也代表這訓練的時間會較長。如果你變得更強壯，將會在這技巧上持續增加關節活動範圍。試圖讓橫槓碰到肚子為極限。

　　當開始這動作，完整的活動範圍通常會較難獲得或難以維持。如果你發現接近橫槓幾英寸距離，動作出現滯礙，便是因為肌力不足——肩胛或肱二頭肌群衰弱。如果你有維持髖部高度的問題，利用雙手在整個動作中持續上拉髖部。

　　當你有進步時，可慢慢改善上拉的能力，並能進行更多組的訓練。繼續以10×0的節奏訓練爆發上拉。如果需要肩胛、肱二頭肌的專項訓練來輔助划船動作，在快要結束訓練前加入。

分腿前槓桿划船—— 8 級

肩胛位置：以分腿前槓桿開始，讓肩胛下壓並保持中線。將肩胛後收使其保持中線。當將髖部拉近槓時，讓肩胛能更下壓與後收，移動到最完全後收的姿勢。當降低背部至起始位置時，讓肩胛完全下壓但有前伸到中線的空間。

技巧：以分腿團身前槓桿的姿勢開始，讓髖部與肩部對齊，並與地板平行。分腿姿勢中，肩部應與髖部、膝蓋呈一直線，但雙腿是分開的。當你上拉時，持續讓髖部與肩部對齊並與地板平行。讓手肘降低直到髖部碰到橫槓，然後再控制身體慢慢回到起始姿勢。

進行分腿前槓桿划船時（Straddle Front Lever Rows，縮寫為Straddle FL Rows），會常見2種錯誤如下：首先是做動作時會圓背。其次是腳沒能跟身體呈一直線，反而成為類似英文字母C的曲線。

如果雙腿無法跟軀幹同時與地板保持平行，那進行其他像是加壓運動或L型撐體／V型撐體／高抬臀撐體的動作時，就更需要腹部肌群的肌力。如果先前的訓練是有效的，那就不會有此類問題。

此動作讓髖部的關節活動範圍變得很吃力，就算你很精壯，也可能會在雙手拉至髖部時出問題。重點是要能讓手拉至髖部2次，而其餘的次數可以讓手跟髖部離個幾英寸。持續訓練肩胛後收與背肌，使其更為強壯。

懸垂轉前槓桿划船── 9 級

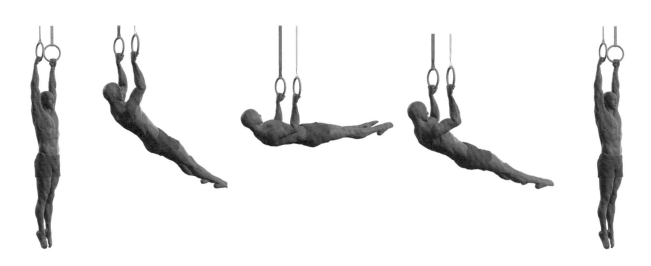

肩胛位置：開始時先讓肩胛放鬆且提高，動作啟動便下壓肩胛。當身體呈水平姿勢，保持肩胛的下壓與後收。一旦回到懸垂姿勢時，可讓肩胛前伸並維持中線。當身體在低點準備拉升前放鬆肩胛。

技巧：從懸垂姿勢開始，轉動腳趾並讓髖部向前，同時彎曲手臂將身體舉向吊環。當手臂準備貼向髖部呈平行姿勢時，身體始終維持直線狀，以反向動作反覆，並在身體受控下回到懸垂姿勢。

進行懸垂轉前槓桿划船時（Hang to Front Lever Row，縮寫為Hang to FL Row），開始時呈懸垂姿勢，並同時將身體拉抬成直體前槓桿划船的姿勢，完成姿勢為彎曲手臂且手貼近髖部。當你無法拉近，在身體能控制的情況下降低背部回到懸垂姿勢。

正常情況下都會避免以推動力進行任何動作，然而這動作是少數例外。在完全或接近直體前槓桿的情況下，先前的訓練已將拉的動作以少量的關節活動範圍完成。而此動作能有更大更快進行的關節活動範圍，讓終點的姿勢，能比在沒有推動力與有力背肌的情況下做得更高。

這方法適用於屈膝或單屈腿划船上，因為使用的是多面向動作。這可在前槓桿划船拉向終點姿勢時建立更好的感知，與強化後肩伸展的肌力。

直體前槓桿划船—— 10 級

肩胛位置：以直體前槓桿開始，讓肩胛下壓並保持中線。將肩胛後收使其保持中線。當將髖部拉近槓時，讓肩胛能更下壓與後收，移動到最完全後收的姿勢。當降低背部至起始位置時，讓肩胛完全下壓但有前伸到中線的空間。

技巧：以前槓桿的姿勢開始，讓髖部與肩部對齊，並與地板平行。直體前槓桿姿勢中，肩部應與髖部、膝蓋呈一直線。自此至上拉時持續讓髖部與肩部對齊並與地板平行。將手肘下拉至髖部碰到吊環，然後再控制身體慢慢回到起始姿勢。

當進行直體前槓桿划船時（Full Front Lever Rows，縮寫為Full FL Pull），身體向吊環將軀幹彎曲或彎曲胸部，但當你變得更有力或更能精確進行動作時便可不再採用。但這讓初學者有所期待，畢竟關節活動範圍有個6−8英寸就算很棒了。然而，如果維持前槓桿等長姿勢的時間夠長，便可進行此姿勢的下一步，將身體拉起。

盡可能多對關節活動範圍進行訓練，此外，也可全程利用負重背心進行訓練，或進階至更高的肌力訓練。

前槓桿划船爬繩

爬繩對於增加握力與發展整體拉力來說是非常好的運動。在進度表上有非常完整的專屬類型，但對多數徒手訓練愛好者來說，要找到合適的地點進行訓練是有難度的。此運動是多種水平核心運動中的一種，整合在槓桿划船的進程當中。如果你能在體育館、CrossFit健身房或有繩索器材的地方訓練，那非常建議將爬繩納入肌力與體能訓練的計畫中，更重要的是，除了L型撐體到高抬臀撐體，這是比所有運動更能發展後肩整體肌力的運動（划船轉成單臂划船則可排第三）。

爬繩訓練結合完整的前槓桿運動，當手向上爬時，需要更多的握力。如同前槓桿划船的難度較等長前槓桿高一級，前槓桿划船爬繩的難度，也較PB／SR前槓桿划船要再高一級。

下頁圖因空間不夠，因此未能顯示團身前槓桿划船爬繩，只能顯示進階團身前槓桿划船爬繩、分腿前槓桿划船爬繩，以及直體前槓桿划船爬繩。

慶幸的是，前槓桿划船爬繩一系列的訓練方法都相同，都是前方拉繩至身體的一邊，而不是腳邊（如果要拉至腳旁，鼠蹊部可能會有非常大的不適感）

以下示意圖，含約略的難度級數：

團身前槓桿划船爬繩—— 6級

無圖示

進階團身前槓桿划船爬繩——7級

分腿前槓桿划船爬繩——9級

直體前槓桿划船爬繩——11級

划船——進度表第 2 頁，第 4 欄

　　當動作能力還不高時，划船動作是很有幫助的。划船對於建構拉的肌力，以及維持肩部平衡而言大有助益，且可持續增加到完成前槓桿與高抬臀撐體。注意：水平上拉對維持健康的肩部是必需的。

　　注意重點：用手將身體拉起時，要專注在上半身划船各種不平衡的類型。如果後肩衰弱，要刺激後三角肌、菱形肌、肩外轉肌、斜方肌，可將身體拉至頂點後維持 5－10 秒不動，使上述部位更強壯。

吊環離心划船—— 1 級

　　肩胛位置：以身體上拉至頂點為起始姿勢，肩胛後收與下壓，當慢慢降至底點時，讓肩胛完全前伸。

　　技巧：以身體上拉至頂點為起始姿勢，並慢慢降至底點。

　　開始進行划船動作時的訓練，多數人都能從吊環離心收縮開始，如果做起來不順利，以下幾點建議可讓動作進行得順暢：

- 除了讓身體與地板平行外，還可以腳踩地上並讓身體站得稍直的姿勢進行。拉起吊環或橫槓，如有需要讓腳自木箱移開。
- 以分腿或屈膝的姿勢，或以髖部為支點的方式進行離心划船，這能減輕手臂的負荷，也讓動作變得簡單。
- 在槓上或吊環上纏繞彈力帶，並穿過背部。
- 請人幫忙協助完成動作。

　　有些人在姿勢頂點或第二階段從姿勢底部開始時，維持關節活動範圍會有困難。肩胛專項後收訓練可以結合此姿勢配合直臂的方式，將重點放在肩胛上拉。同樣在日常訓練後，可加入彈力帶或其他肩胛後收與肱二頭肌的訓練。

　　划船動作以4－5組為宜，如果成效不彰，再增加組數。

吊環划船—— 2 級

　　肩胛位置：身體至底點為起始姿勢，肩胛放鬆為前伸位置。肩胛後收並下壓啟動動作，結束時肩胛會完全後收。

　　技巧：吊環划船是懸垂吊環上，身體撐直或些微下陷，讓腳的平面高度到達肩部平面高度，起身至定點後繃緊手肘並置於身旁，手臂與腋窩呈30度（或更少）。以吊環拉向身體，身體在頂點時能讓胸部碰到吊環為目標。

　　動作開始與進行期間，肩胛會後收與下壓，建議初學者以肩胛後收與下壓為起始姿勢，這會讓整個動作過程較穩定也讓你能做得更順暢。然而當能順利進行吊環划船時，可以操作無連續性的擺盪，讓肩胛在全程都有動用到。

　　如果肩胛肌力不足，可嘗試將身體拉至頂端並維持數秒，且盡最大努力將肩胛收縮並下壓，這會訓練肩胛的後收能力並改善整體肌力。

　　此動作常見的錯誤就是讓撐直的身體下彎，成為類似英文字母C的曲線。這就要用力收縮臀大肌與核心肌群，維持身體撐直讓手臂能單純地進行動作。

吊環寬握划船—— 3 級

肩胛位置：身體至底點為起始姿勢，肩胛放鬆為前伸位置。肩胛後收並下壓啟動動作，至頂點時肩胛會完全後收，且雙臂相距甚遠。

技巧：吊環寬握划船是懸垂吊環上，身體撐直或些微下陷，讓腳的平面高度到達肩部平面高度。從這姿勢開始，讓手肘外移呈60－90度。60度（上圖所示）會比較簡單，但更有能力進行動作時，可以呈90度。動作進行時，手部可移動，手肘則在上拉期間有固定的移動線，身體拉到手的高度時，手部最好位於身體後方。

此動作常見的錯誤就是讓撐直的身體下彎，成為類似英文字母C的曲線。這就要用力收縮臀大肌與核心肌群，維持身體撐直，讓手臂能單純地進行動作。

如果後肩部分特別衰弱，寬握划船（如果可以進行）會讓手肘變得更往外側移動，這著重在後三角肌多於手部的變化。

吊環拉弓划船—— 4 級

肩胛位置：身體至底點為起始姿勢，肩胛放鬆為前伸位置。肩胛後收並下壓啟動動作，至頂點時肩胛會完全後收。就算雙手進行不同的動作，肩胛兩邊位置還是相同。

技巧：吊環拉弓划船在吊環上以懸垂姿勢進行，並撐直身體，讓腳的平面高度到達肩部平面高度，再將一隻手彎曲另一手伸直。彎曲的手臂能在手肘與身體同高度時拉進或拉出（跟FL rows一樣，上拉時最好能拉近身體）伸直的手臂移至體外側，與身體呈90度，就像反向飛鳥，這會讓肩胛後收且手跟身體在同一水平上。從這邊開始，能控制身體的情況下慢慢降低身體，並用另一手重複進行。

撐直的身體下壓，成為類似英文字母C的曲線又再一次地成為動作常見的錯誤。這就要用力收縮臀大肌與核心肌群，維持身體撐直讓手臂能單純地進行動作。

有些人從吊環寬握划船進階到吊環拉弓划船，會遇到些許難度增加的問題，多是由於當直臂僅能利用肩後肌群與肩胛上拉時，肩胛無力的關係，如果有這些現象的話，衰弱會阻礙上拉的高度。為抵消這狀況，以下吊環划船離心收縮的概念應有所幫助：

- 進行吊環寬握划船拉至頂點時，以吊環分腿單臂划船慢慢降至底點。這結合2種動作，因此能進行部分的離心訓練。如果你選擇這樣做，離心收縮應至少維持5秒。
- 除了讓身體與地板平行外，還可以腳踩地上並讓身體站得稍直的姿勢進行。拉起吊還或橫槓，如有需要讓腳自木箱移開。
- 以分腿或屈膝的姿勢，或以髖部為支點的方式進行吊環離心划船，這能減輕手臂的負荷，也讓動作變得簡單。
- 在槓上或吊環上纏繞彈力帶，並穿過背部。
- 請人幫忙協助完成動作。

吊環貼臂拉弓划船—— 5 級

　　肩胛位置：身體至底點為起始姿勢，肩胛放鬆為前伸位置。肩胛後收並下壓啟動動作，至頂點時肩胛會完全後收。就算雙手進行不同的動作，肩胛兩邊位置還是相同。

　　技巧：吊環貼臂拉弓划船在吊環上以懸垂姿勢進行，並撐直身體讓腳的平面高度到達肩部平面高度，再將一隻手彎曲另一手伸直。彎曲的手臂能在手肘與身體同高度時拉進或拉出（跟 FL rows一樣，上拉時最好能拉近身體）伸直的手臂應跟身體呈一直線，手會在你身旁。從這邊開始，在能控制的情況下慢慢降低身體，並用另一手重複進行。

　　這動作讓直臂肩後能建構更多的肌力，使單臂划船更易進行。當你自直臂該角度所得輔助越少，會讓另一彎曲的手有更多的訓練。讓吊環拉弓划船與吊環分腿單臂划船有穩固的連結。而這「貼」的位置對肩後同樣是很好的訓練，也避開肩部任何潛在的不平衡。

吊環分腿單臂划船—— 6 級

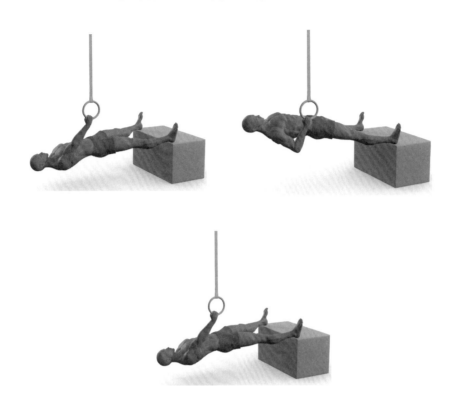

肩胛位置：身體至底點為起始姿勢，肩胛放鬆為前伸位置。肩胛後收並下壓啟動動作，至頂點時肩胛會完全後收。

技巧：吊環分腿單臂划船是單臂抓住吊環，雙腿張開放在木箱上進行動作。雙腳應撐直，直立身體並繃緊核心與髖部。單手握吊環，身體挺直，手肘上拉讓手盡可能靠近身體。或許在肌力不夠時，無法以單臂將身體上拉，但盡可能讓身體靠近手部。要更進一步完成這動作，可向抓吊環的單臂轉動身體，讓空手的肩部能碰到支撐臂的吊環。

當進行單臂或單腳的動作，如吊環分腿單臂划船時（Straddle One-Arm Rows，縮寫為Str OA rows），都是從無力的手臂開始。你可以雙手交替進行（可以平衡反覆次數至另一手），或是在交替前先做完所有反覆次數。只要你先訓練較無力的手，使兩邊肌力相等，上述2種都是不錯的選擇。應限制有力手臂的反覆次數，讓無力的手有訓練的時間。

進行單臂划船時，要注意扭轉或重心轉移的感覺，要力抗這個常見的問題。基本上，這動作要對手臂與腳施加很大的壓力，所以身體會在中線上旋轉、晃動或移動，這就必需要持續收縮核心與髖部肌群，讓這種情況停止。

吊環單臂划船—— 7 級

肩胛位置：身體至底點為起始姿勢，肩胛放鬆為前伸位置。肩胛後收並下壓啟動動作，至頂點時肩胛會完全後收。

技巧：吊環單臂划船是單臂抓住吊環，雙腿張開放在木箱上進行動作。雙腳應撐直，直立身體並繃緊核心與髖部。手肘貼近身體上拉，讓手盡可能靠近身體。或許你肌力不夠，無法以單臂將身體上拉，但盡可能讓身體靠近手部。要更進一步完成這動作，可向抓吊環的單臂轉動身體，讓空手的肩部能碰到支撐臂的吊環。

上一節（吊環分腿單臂划船）提到的扭轉或重心轉移的感覺，在進行吊環單臂划船時會更明顯。以上一節所提的相同方法與之阻抗。

本節是這系列動作的最後一種動作，當你已達到該階段的肌力時，可進行本系列之前的動作（前槓桿），或在本系列划船的動作中增加負重背心，藉以增加難度。

引體向上——進度表第 2 頁，第 5 欄

本書不是要談論各式各樣的正握引體向上，因為引體向上幾乎可說是強化基礎肌力的最佳運動。一旦提升肌力後，則可進階到難度更高的引體向上，如負重或單臂引體向上。前槓桿與其他靜態與動態運動的上拉運動，對整個引體向上系列的動作相當有效。

跳式引體向上—— 1 級

肩胛位置：開始時肩胛放鬆且上提，下壓肩胛啟動上拉動作直到上頂點讓下巴過槓後，手臂再降至起始姿勢。

技巧：開始時將手臂伸直，雙肩打開，膝蓋微彎（如果自槓上或吊環上垂下後腳無法觸地，也可放箱子或物體在腳下）。輕輕跳起讓手能全力上拉身體並讓下巴過槓，如果可以，讓鎖骨或胸部觸槓，並讓手肘始終在你身前且相距不遠。

跳式引體向上是藉由腳的跳躍，來調整引體向上肌力的不足。就算向上跳能讓引體向上在上拉或下降時好做些，還是應該盡可能用手臂的肌力進行訓練，降低起跳的輔助性，畢竟目標是增加手臂上拉的肌力。

引體向上時試著讓鎖骨觸槓，不讓你僅將注意力放在下巴過槓的原因，是因為多數人會伸長脖子方便下巴過槓，就動作表現來說這樣很不好。切記，最終都會因為動作範圍的進步得到技巧，所以盡可能在最大動作範圍下進行訓練。

伸長脖子可能會抑制肌力的產生，限縮脊神經的傳導路徑，就像把引體向上所支配的肌肉神經給捏住。像這樣類似捏住或伸長／硬拉脖子的動作，會導致頭痛與肌肉緊繃。

槓上離心引體—— 2 級

肩胛位置：開始時身體至上頂點，讓肩胛下壓與些微後收，慢慢下降至底部，讓肩胛漸漸上提，完成姿勢時則是放鬆的位置。

技巧：開始時身體至上頂點，然後慢慢下降至完全懸垂的姿勢。

當肌力足夠控制身體下降，但還不能慢速下降時，離心收縮是增加肌力很好的方法。握槓以6－8秒的速度下降，進行2－3組，每組2－3次。訓練一段時間後，可能每次進行7－10秒，共3－5組做完整的反覆次數，動作期間盡量著重在闊背肌與二頭肌的活化。

此階段要增加肌力可借助輔助器材，如Gravitron多向握把臺、滑輪器材、請人撐住髖部或腿部進行，或腳綁彈力帶以便上升時能降低負重。未受輔助的慢速下降，與有效輔助的結合，不會讓所獲效果有所改變。

正握引體向上—— 3 級

肩胛位置：開始時的懸垂姿勢讓肩胛放鬆且上提，下壓肩胛啟動上拉動作，過程中肩胛位置自然會轉動與些微後收，直到拉至上頂點。

技巧：以懸垂為起始姿勢，彎曲手肘使其貼近身旁，並上拉身體讓下巴過槓，試著讓鎖骨能在不伸長脖子的情況下到達橫槓的位置，然後再讓身體於受控下慢慢下降到懸垂姿勢。手肘應與身體保持在中線上而不晃動。

正握引體向上是一般小學體育課典型會採用的運動。當進行時不要讓手肘外開，這會讓你垂直上拉的能力受限，就跟窄縮肩部一樣，這些錯誤的姿勢最終會增加胸部觸槓的難度，所以記得手肘要貼近身體。

如果還是遇到困難，可以進行反向訓練，輔助式引體向上，或是所屬健身房有Gravitron多向握把臺可使用。切記上拉前要收縮核心肌群與肩胛，這可讓上拉身體時得到轉換的肌力。

L 型撐體引體向上—— 4 級

肩胛位置：開始時的懸垂姿勢讓肩胛放鬆且上提，下壓肩胛啟動上拉動作，過程中肩胛位置自然會轉動與些微後收，直到拉至上頂點。

技巧：在槓上懸垂並呈L型撐體，手在身體前上拉約4－6寸讓下巴過槓，鎖骨與槓平行。當動作啟動但肩部無法固定，將重點放在讓手向前（如同前槓桿姿勢），同時讓肩部杵臼關節上拉。當肩部得以穩定，讓手在前方進行引體向上的動作。L型撐體時不要讓腳下垂變低，腳要與地板平行，當鎖骨或胸部與槓平行後，再慢慢下降回到起始姿勢。

L型撐體引體向上最難的部分在於一開始（肩關節固定時），與拉至上頂點時（肌肉縮短產生的劣勢——尤其當你想要過槓更高時）。由於肩部力矩的增加，L型撐體引體向上的難度會比正常的引體向上高。當你讓腳在你身前抬高，並讓身體重心趨前，此時肩部就要向前施力將身體維持在槓下。因此身體呈L型懸垂時，手會稍微在軀幹前面，如果只是單純懸垂，很明顯地會發現沒多大效果，然而當開始引體向上，難度就會增加。

當你感到疲勞時，肩旋轉肌可能會有麻煩（寬握引體向上一樣會遇到）當旋轉肌持續讓肱骨頭上縮至肩峰，肌肉就無法施力而導致疲勞。L型撐體引體向上會增加肩部力矩（因反覆迫使手趨前），旋轉肌會更快疲勞，造成傷害。

不要在例行的訓練快結束時進行此類訓練，這樣會讓你更感疲憊。有輔助旋轉肌訓練的好辦法，像是肩部運動（LYTPs）、側躺肩外轉、古巴推舉的中間部分，或彈力帶外轉。

引體屈伸上槓—— 5 級

　　肩胛位置：開始時的懸垂姿勢讓肩胛放鬆且上提，下壓肩胛啟動上拉動作，過程中肩胛位置自然會轉動與些微後收，直到拉至上頂點。當腳呈L型並抬高過頭時，用力保持肩胛下壓與後收，好讓身體在上挺至槓上時能靠近單槓。

　　技巧：引體屈伸上槓是體操運動的基本動作，包含單槓上的上下轉動，並撐在槓上。這動作可細分成三部分來說明：

1. 第一部分是拉單槓至鎖骨位置，如果是胸部位置會更好，拉越高越好。
2. 第二部分的目標是身體後倒，讓髖部朝單槓移動。這動作需要收縮背部讓手臂能自由伸直。當手臂撐直時髖部同時旋轉上槓。這動作以團身或直膝屈體做起來很簡單，但最後要以身體撐直的姿勢完成。

　　當髖部在槓旁，第三部分包含倒向上拉，讓髖部與腿能有多的過槓。從這邊開始身體會旋轉，會有較多的身體重心在單槓那邊。最後，身體會挺直在單槓上，手臂撐直以支撐槓上的身體姿勢。

　　這動作要透過自己了解會有困難，若進行動作時有人可以在旁扶髖部進行，就較容易上手。當然也可從槓上開始逆向操作，可以幫助發展肌力與動作知覺。

　　這是體操評分規則中的A級技巧。

吊環引體向上＋單臂反握引體向上——進度表第 2 頁，第 6 欄

吊環 L 型撐體引體向上—— 4 級

　　肩胛位置：開始時的懸垂姿勢讓肩胛放鬆且上提，下壓肩胛啟動上拉動作，過程中肩胛位置自然會轉動與些微後收，直到拉至上頂點。

　　技巧：身體呈L行撐體的姿勢，手在身體前上拉約4－6寸，讓鎖骨與槓平行，若更熟練就要能讓胸部與槓平行。最難的部分在於一開始（肩關節固定時），與拉至上頂點時（肌肉縮短產生的劣勢——尤其當你想要過槓更高時）。

　　吊環L型撐體引體向上不會比其他單槓相關動作困難，如果沒有吊環，可用單槓進行。動作開始時不固定肩部，將重點放在讓手推向前（如同前槓桿姿勢），同時將肩部杵臼關節上拉。

吊環寬握引體向上── 5 級

吊環寬握 L 型撐體引體向上── 6 級

肩胛位置：開始時的懸垂姿勢讓肩胛放鬆且上提，下壓肩胛啟動上拉動作，過程中肩胛位置自然會轉動與些微後收，直到拉至上頂點。

技巧：在吊環上以對握或正握方式握環呈懸垂姿勢，然後上拉身體並移動手肘，上拉過程前臂盡可能垂直。

以上2種動作都屬同一動作，只是吊環寬握L型撐體引體向上，身體全程需維持L姿勢。如同之前的L型撐體動作，啟動時先讓吊環趨前並收縮肩部，對動作應有幫助。

絕對有可能讓鎖骨或胸部到達吊環高度，但多數人初體驗時所及高度不高。這是闊背肌主導的動作，肱二頭肌鮮少介入，因此對各式吊環訓練都很有用。

進行寬距與拉弓引體向上，當旋轉肌疲勞時，可能會影響肩部使其產生不適或疼痛。不要在例行的訓練快結束時進行此類訓練，這樣會讓你更感疲憊。有輔助旋轉肌訓練的好辦法，像是肩部運動（LYTPs）、側躺肩外轉、古巴推舉的中間部分，或彈力帶外轉。

當進行吊環寬握引體向上已感到疲勞時要小心，一般來說肩部會因為完全外轉狀態，以及像是引體向上的肌力分散而處於弱勢。如果肩部有半脫臼或脫臼的問題，就要避免此動作。然而進行吊環寬握向上，肩部不用上拉太高以降低阻力，這可避免軟組織受傷或其他傷害。

吊環拉弓引體向上—— 7 級

肩胛位置：開始時的懸垂姿勢讓肩胛放鬆且上提，下壓肩胛啟動上拉動作，過程中肩胛位置自然會轉動與些微後收，直到拉至上頂點。

技巧：身體呈懸垂姿勢，一手放著（跟一般引體向上一樣），另一手向體側伸直與身體呈十字狀。直臂不提供任何輔助，所以另一隻屈臂會支撐大量的負重。進行時跟類單臂引體向上一樣，先以虛握的方式訓練，等精通後自然就不用再使用虛握的方式。

虛握會讓手掌在吊環上，因此在槓上或吊環上，手腕會彎曲貼近小指端。手應包住單槓或吊環，並盡可能繃緊。開始進行動作時，如果手腕柔軟度不好或手腕肌力不足，要達到／或維持高度可能會有難度。如果有上述狀況，要增加包含熱身與緩和動作的輔助訓練來矯正。

這是單臂上挺的第一階段，此訓練可建構十字懸垂與單臂引體過槓的肌力。重點可放在直臂（加強十字懸垂）或屈臂（為了加強單臂引體過槓）其中之一。

跟前面的動作一樣會讓肩部產生狀況，因此不要在例行的訓練快結束時進行此類訓練，這樣會讓你更感疲憊。有輔助旋轉肌訓練的好辦法，像是肩部運動（LYTPs）、側躺肩外轉、古巴推舉的中間部分，或彈力帶外轉。

單臂反握引體向上／離心引體—— 8 級

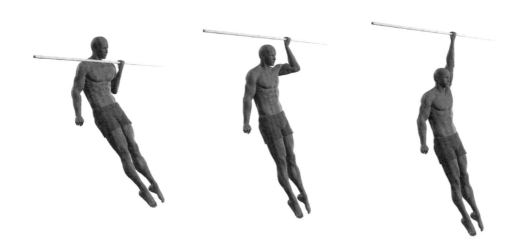

肩胛位置：開始時肩胛下壓以單臂讓身體在上頂點，慢速下降至下底點的時候始終保持肩胛下壓。當到達下底點手臂應伸直，肩胛會慢慢上提。

技巧：將下巴拉過槓時，讓手臂以最大收縮拉近身體。手臂正握或反握單槓，讓肩部降低回到懸垂姿勢。

單臂反握引體向上或引體向上，最好的訓練效果就是離心或向下時，以下為進行此動作的先決條件與建議：

- 負重體重的50%進行引體向上。
- 至少有反握／正握引體向上完整拉到胸部15次的標準。
- 反握直體後槓桿。
- 吊環團身俄式撐體。

能以體重50%負重甚至更多，進行至少15次標準過胸的引體向上是很關鍵的，因為這會確定結締組織有足夠的肌力。這邊也強烈建議能有進行反握直體後槓桿，以及吊環團身俄式撐體的能力。這能幫助建立從雙手、前臂、手肘、肱二頭肌的結締組織的肌力——再傳至肩部與胸部。

這些先決條件將可幫助你預防手肘與肩部過度使用的傷害，像是肌腱炎，也建議能進行單臂懸垂至少20秒，畢竟單臂反握引體向上／單臂引體向上會很常進行這姿勢。如果握力不足，可透過農夫走路、握力訓練器，或其他前臂的運動來訓練。

有很多方法可以訓練此技巧，本書的方法取得是依個人多年訓練與執教經驗，若想知道其他訊息，可上dragondoor.com或相關網址洽詢。

如何達成單臂反握引體向上／單臂引體向上：

- 每週2－3次離心訓練。
- 每週0－1次負重引體向上或輔助的向心訓練。

我們檢視1週4天，共3週的訓練課表，通常會有2天的離心訓練與1天的負重引體向上，或1天的輔助向心訓練。要安排1週3天的課表也差不多類似，它只是在4週的時間內完成這些訓練，每週訓練4天，共進行3週，可以在1個月達成目的。

離心收縮自身體重運動是非常有效的，尤其針對拉的動作。盡可能讓減少外力，跟雙臂引體向上比起來，單臂未有輔助下降往往要先行訓練。輔助向心訓練提供整個動作額外的訓練，但還是得依賴外力來完成，這會讓你好像已訓練了1－2年，即便如此，像這樣有強度的離心訓練每週僅限2次，因為會加重中樞神經系統的負擔。

以6－10秒進行慢速垂降，進行2－3次，共2－3組，是對單臂引體向上最佳的刺激。切記，垂降過程必需有單一標準。身體處於上頂點時，是最有力的時候，肌肉有姿勢上的優勢，也是開始時最感輕鬆的時刻，所以要避免一開始就面臨不平衡的麻煩。垂降則往往是最困難的部分，在單臂完全伸直呈懸垂姿勢前，要注意離心的速度

附帶一提的是，進行5－8次反覆，共3組，可使負重引體向上或輔助向心訓練產生最佳的刺激，每次訓練也可以5磅的重量漸增，其他相關訓練也可比照辦理。

你可利用一些方法輔助向心收縮，像是滑輪健身器材或手持其他重物，或用繩帶綁重物來拉引。除此之外，還可在槓上綁繩子，然後手抓繩子慢慢垂降，讓另一手的輔助越來越少。但不管何種方式，要知道運動時透過人輔助進行，對技術上不是件好事情，因為會趨向尋求更多輔助，且這幫助是不符動作機制的。

以下羅列的幾點技巧，從最佳的部分開始訓練：

- 離心運動——離心過程為沒有輔助下進行完整的活動範圍，所以會是最佳的訓練。這對拉的動作來說非常有幫助，像是單臂引體向上。
- 滑輪輔助向心運動——滑輪兩端一端負重，手在另一端，因為輔助的負重是可估算的，可以先加重15磅，然後再加14磅、13磅，依序遞減至1磅。如果想降低離心的負荷，這方法會相當可靠。
- 他人輔助收縮——另一人輔助或僅用手指施力輔助，這方式的效果不若上列有效。
- 分段式引體向上——在槓上以自己有限的活動範圍與肌力進行引體向上，這可強化限制關節範圍的肌力，但無法強化關節範圍中的弱區。
- 等長固定姿勢——在活動範圍的弱區進行等長固定姿勢，可突破停滯期，但是在訓練上只有微乎其微的效果。

- 負重引體向上──對肌力訓練的需求很有用，可安全地進行離心訓練，但因為並非針對單臂上拉的專項動作，對單臂訓練來說並非全部有用。

最後，你可利用另一隻手的手指進行漸進的輔助，以下羅列食指至小指，能提供最高至最低的輔助方式：

- 4指全部
- 中指、無名指、小指
- 食指、無名指
- 中指
- 無名指
- 食指、中指、無名指
- 食指、中指
- 食指
- 小指

最後一節的訓練上，可偶爾讓無名指與小指互換，但多數人的無名指會較小指弱。槓上拉弓的訓練同樣也可採用。

單臂單槓離心垂降與輔助收縮會因人而異，在上頂點時，臉可朝槓或讓槓在臉側，多數運動員會覺得槓在體側比較舒適，所以會以介於正握與反握間的握槌方式握槓。因此多數人自然會被此姿勢吸引，這可讓不斷扭曲的身體保持在同一側。此外，這讓手臂至胸部有更好的收縮，在動作時製造更多的張力。

不論你偏好哪種類型，都要確保所選的動作是以完整動作範圍完成的──除非要花長時間同時練好幾種不同的類型。如果你是攀登者，單臂引體向上是好的訓練方法（手朝外握槓），因為手會有正握的動作抓住攀登塊或岩架類似的專項需求。

在動作上部、中部與底部進行等長收縮可能也有幫助，如果有「阻塞點」或「卡住」的部分需要強化，這個方法將非常好，否則他們其實沒有特別的用處。例如，「分段式引體向上」是以垂降方式進行，但運動員會在動作過程中以等長姿勢定點並維持，這樣一來就能在突破「阻塞點」的計畫中帶來成效。

握力亦是同樣重要的要素，強壯如你可以在槓上、吊環上或其他平面握住，讓你在近端有更多的上拉的肌肉可支配，握力增加的結果就是可拉得更集中，如果握力有限，務必要以額外的輔助訓練來改善。

跟前面的動作一樣，單臂引體向上會讓肩部承受明顯力矩，像是L型撐體、寬握、拉弓引體向上等，繼而引發肩部不適。因此不要在例行的訓練快結束時進行此類訓練，這樣會更感疲憊。有輔助旋轉肌訓練的好辦法，像是肩部運動（LYTPs）、側躺肩外轉、古巴推舉的中間部分，或彈力帶外轉。

單臂反握引體向上—— 9 級

單臂反握引體向上（負重 15 磅）—— 10 級

單臂反握引體向上（負重 25 磅）—— 11 級

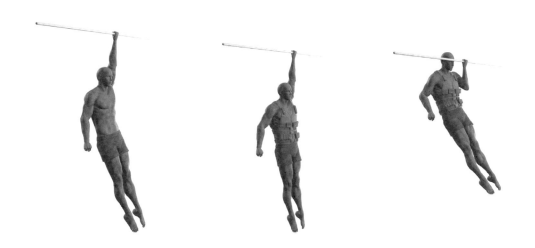

肩胛位置：開始時讓肩胛放鬆呈單臂懸垂姿勢，下壓肩胛啟動上拉動作，當拉至上頂點後保持肩胛下壓，會以肩胛下壓與貼近中線為完成姿勢。

技巧：感受正握與反握的擺動，以肩胛下壓啟動姿勢。開始往單槓拉升，要注意過程中身體會有些擺動，手肘會趨向胸部，但這是可接受的，胸部要是能收縮會更好。以下2種方式可擇一使用：把手拉下來，或將手肘拉近身體，以下巴（胸部更好）過槓為終點姿勢。

懸垂僅以單臂進行，掌心朝自己，上拉前感受單臂對身體的控制是很重要的。循環間可以正握或反握交替進行，以了解動作進行時，控制的時機與方式對動作是最有幫助的。而反覆時，身體自然會擺動（取決於個人肌力）。

下一步是讓肩部收縮拉入杵臼關節，這裡開始會有2種啟動方式可選擇：降低手肘的拉動點至髖部，或以二頭肌彎舉的動作將肩部上拉。這些方式主要能活化闊背肌、肱二頭肌。用強而有力的肌肉執行單臂反握引體向上，同時也可以修正較弱的區域。

如果你以正握方式（引體向上的握姿）進行懸垂，垂降時可能會扭曲90度，如果你以左手抓槓，則會向右邊扭曲90度，以右手抓槓，則會向左邊扭曲90度。所以進行時手臂要確實施力，與體側產生的肌力抗衡，以改善整體上拉的肌肉。有時讓腿呈L型或半L型進行，以核心肌群提供額外增加的張力，讓動作變得較容易進行。如果你採用反握（另一引體向上的握姿），垂降時要全程對著單槓。

　　如果你有特定衰弱的區域，就要進行輔助訓練。如果動作期間感到肩部與闊背肌主導過多，那肱二頭肌彎舉可以矯正失衡。換句話說，二頭肌有力但闊背肌無力，就要有更多直臂上拉的訓練，如前槓桿、後槓桿的變化，或是直臂滑輪下拉或啞鈴仰臥拉舉。單關節動作往往不當使用或被過度使用，但若已被使用一段時間，就會有失衡的情況需被矯正。

　　一旦增加引體向上的負重，就會有十字懸垂所需的肌力，這與單臂引體向上、負重引體向上、十字懸垂都有關聯性。了解如何轉換至其他動作，讓你能勝任更多的訓練，有效達到既定目標。

　　恭喜你達成！

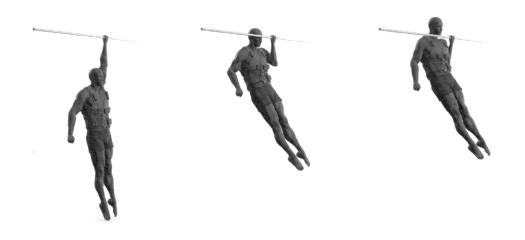

　　要進步可以增加負重，如負重帶或負重背心。但更簡單的方式就是讓另一隻空手握啞鈴即可（要是能彎舉會更好）。

　　增加另一種負重也是一大挑戰：用手指握槓上拉身體，並以正握與反握變換，或是增加上拉的範圍，讓胸部過槓取代下巴過槓，以自己能感到順手的方式訓練即可，但若你全部都感興趣，想要訓練也行。

負重引體向上──進度表第 2 頁，第 7 欄

以下有幾種跟上拉相關的運動，後槓桿、前槓桿、單臂引體向上、十字懸垂，肌力於其他類似的上拉運動會一直存在。以下提供運動間轉換肌力的換算：

- 分腿前槓桿＝體重50%引體向上＝直體後槓桿
- 前槓桿＝體重70%－80%引體向上
- 單臂引體向上＝體重80%－90%引體向上
- 3次單臂引體向上＝負重15磅單臂引體向上＝十字懸垂3－4秒
- 5次單臂引體向上＝負重25磅單臂引體向上＝十字懸垂10秒

上面是以相同的技術級數與肌力連結而成的組合，讓技術與肌力在訓練上變得比較有用，可以區分在不同技術上，能力水準是否相同。

談到直體後槓桿的變化又更多，基本上達到分腿前槓桿動作難度左右，大概就能操作直體後槓桿。直臂拉吊的變化動作能建立肩部肌力，以執行單臂引體向上，不過前槓桿因為肱二頭肌的壓力程度很高，所以無法培養屈臂的上拉肌力，但後槓桿可以做到。

當然，即使被列為需要相似的肌力程度，這些技巧還是有各自需達到的特殊水準。訓練者應根據想要達成的目標來練習，但同時要知道所有類別的輔助動作對彼此也有相互牽引的效果。

爆發引體向上——進度表第 2 頁，第 8 欄

　　爆發引體向上的變化既有趣又刺激，同時需要等量的肌力與爆發力，以達到更高的技術水準。要認真勤奮地訓練，但最重要的還是安全性。因為很容易閃神與摔落，所以要在有軟墊的平面上進行，如果肌力不足就不要訓練，直到級數達到3或4級。

擺盪式引體向上—— 2 級

　　肩胛位置：進行拱身－屈身動作時，肩胛應放鬆並上提。當進行爆發上拉時讓肩胛下壓，當到達上頂點時，肩胛會下壓且些微後收。垂降時便以反向進行。

　　技巧：以懸垂姿勢開始，動作啟動時將肩部與髖部往前推出，當開始伸展腹肌、肩部、髖部，就要使其收縮，讓身體往後呈拱身姿式。為了要獲得更多推動力，必需反覆進行，當身體屈身然後拱身即開始上拉，這幾乎需要與閉鎖的肩部同步進行。當鎖骨達單槓高度，不要放鬆與立刻垂下（如果肌力足夠，用胸部過槓會更好）。垂下時要讓肌肉控制動作，在上頂點時，自單槓下推身體讓手與肩部有控制離心動作的空間，會讓你回到拱身起始姿勢。

　　擺盪式引體向上，是在槓下利用身體水平推動力轉換成垂直推動力，藉以上拉的基本運動。

　　多數人都知道擺盪式引體向上有點作弊，但的確屬一種專項動作，也應用來訓練。相較正統的引體向上，擺盪式引體向上所需的肌力較少，也因此級數自然會較低，但用來訓練動作會相當有效。這也是學習體操的重要動作，因為可轉換許多不同的技術，即使多了推動力也不是要彌補肌力的不足。無論如何，至少要能偶爾訓練此動作。

在學會標準的懸垂引體向上前，不要嘗試進行此項動作。此外，如果肩部有傷痛的隱憂，也不要嘗試，直到獲得解決。非常多的反覆次數，會讓你在疲勞狀態下受傷。如果對於自己目前是否夠強壯，或受傷後有是否恢復的疑慮，都不要進行此動作。

如果你對動作或連貫上有問題，向體操教練諮詢，或是找任何了解擺盪式引體向上技巧的人，都會是很好的方法。如果肩部因這動作開始感到不適，需先休息。同樣地，如果你有多處部位抽痛，先休息然後僅進行身體拱身到屈身的階段。

還有一種能在不過度使用肩部的情況下學習此動作的方法，就是進行動作時，腳在地面上感受肩部的移動。訓練重點只是在於——需要些許肌力，但主要的協調性與技巧才是需要注意的。

正握引體向上── 3 級

肩胛位置：以懸垂姿勢開始，讓肩胛完全放鬆且上提，下壓肩胛啟動上拉動作，過程中肩胛位置自然會轉動與些微後收，直到拉至上頂點。

技巧：以懸垂姿勢開始，讓手肘向身體移動，上拉身體使下巴過槓。以在不伸長脖子情況下讓鎖骨過槓為目標，然後在身體能控制的情況下垂降回起始姿勢，手肘專項的技巧在於手肘和身體為一直線，且在線上移動時不晃動。

正握引體向上是一般小學體育課典型會採用的運動。利用當進行時不要讓手肘外開，這會讓你垂直上拉的能力受限，就跟窄縮肩部一樣，這些錯誤的姿勢最終會增加胸部觸槓的難度，所以記得要將手肘貼近身體。

如果還是遇到困難，可以進行反向訓練，輔助式引體向上，若所屬健身房有Gravitron多向握把臺也可使用。切記上拉前要收縮核心肌群與肩胛，這可讓上拉身體時得到轉換的肌力。

擺盪式拍掌引體向上—— 4 級

肩胛位置：進行拱身－屈身動作時，肩胛應放鬆並上提。當進行爆發上拉時讓肩胛下壓，當到達上頂點時，肩胛會下壓且些微後收，在離槓拍掌再度握槓後，肩胛還是維持下壓。當降下至起始姿勢後再繼續上提肩胛。

技巧：屈伸上的動作需要「拱身－屈身」的技巧，身體擺盪的迴旋圍繞兩個要點：手跟膝蓋。進行動作時，手跟膝蓋是兩大主要支點，髖部與肩部會同時往前與往後推，因而讓身體產生拱身－屈身的擺盪。當身體轉換到屈身階段（準備啟動動作的姿勢），手往前拉至接近肩部的角度。當肩部角度變小，降低身體再利用推動力用力上拉。當下巴過槓，手就脫離單槓並快速拍掌。同樣地也再次快速抓槓以免墜落。如果要增加反覆次數，就減少身體的控制。

屈伸上的動作允許產生水平的推動力，讓身體有可用的垂直爆發力，並收縮全身讓向上的擺動做起來簡單些。在體適能領域中，都視屈伸上為作弊的方式，但屈伸上對全身的協調性、爆發動作、代謝訓練是有幫助的。這便是利用中級的爆發，連結爆發引體向上與非擺盪式拍掌引體向上。

當你初次嘗試此動作時，要確保單槓有止滑效果，或有任何輔助以免滑脫墜落。別在可能會使你滑脫墜落的表面上嘗試此動作。

非擺盪式拍掌引體向上—— 5 級

　　肩胛位置：以懸垂姿勢開始，讓肩胛完全放鬆且上提，下壓肩胛啟動上拉動作，過程中肩胛位置自然會轉動與些微後收，直到拉至上頂點後隨即拍掌再握槓，當垂降後再次反覆。

　　技巧：以懸垂姿勢開始，讓手肘向身體移動，上拉身體使下巴過槓。以在不伸長脖子的情況下讓鎖骨過槓為目標。接著爆發上拉，目標是讓胸部往上約3－6寸，過程中身體會些微後傾，能避免頭部撞到單槓。拍掌再重新握槓後，有效控制身體下降讓身體回到懸垂姿勢，過程中手肘跟身體維持在同一條線上且不擺盪。

　　此動作需要比擺盪式拍掌引體向上有更多的爆發力。擺盪式拍掌引體向上的拍掌動作，下巴會剛好在槓前方。某些情況下，如果爆發力夠，鬆手的時機可能在頭或眼睛到達槓平面時產生，要提供足夠的推動力，好增加下巴過槓的時間以進行拍掌。重新握槓要快且避免墜落，抓槓後在控制下降低身體並反覆。

L型撐體拍掌引體向上—— 6 級

肩胛位置：以L型撐體懸垂開始，讓肩胛完全放鬆且上提，下壓肩胛啟動上拉動作，過程中肩胛位置自然會轉動與些微後收，直到拉至上頂點後隨即拍掌然後再握槓，當垂降後再次反覆。

技巧：以L型撐體懸垂開始，讓手肘向身體移動，上拉身體使下巴過槓。在不伸長脖子的情況下讓鎖骨過槓為目標，接著爆發上拉，目標讓胸部往上約3-6寸，過程中身體會些微後傾，能避免頭部撞到單槓。拍掌再重新握槓後，有效控制身體降低，身體回到懸垂姿勢，過程中手肘跟身體維持在同一條線上且不擺盪。

L型撐體拍掌引體向上的難度會較高，是因為先以L型撐體進行爆發上拉，來降低肩部的槓桿作用。當L型撐體產生對抗重心往前的力，肩部關節角度就會增加，因此需要肌力來產生同樣的垂直推動力，讓身體上推。

進行此專項的動作，無須在意拉了多高。雙手需要隨時置於胸前幾英寸以降低槓桿作用。主要注意讓腳趾抬高，保持L型撐體，並收縮腹肌，雙手下拉，讓手肘至於身側，越快越好。這與前述爆發上拉的動作有所不同，所以需要更多的訓練。這是除了標準引體向上外，第一個沒有屈伸上的動作。

擺盪式後拍掌引體向上—— 7 級

肩胛位置：進行拱身－屈身動作時，肩胛應放鬆並上提。當進行爆發上拉時讓肩胛下壓，當到達上頂點時，肩胛會下壓且些微後收，在離槓拍掌再度握槓後，還是維持下壓。當降下至起始姿勢後，肩胛再繼續上抬。

技巧：開始的動作與屈伸上的方式一樣，要產生「拱身－屈身」的擺盪並建立足夠的完整性來上拉。當進入屈身階段，在身體下降時用力往上拉，在到達4－6寸的頂點（重力會讓你到達頂點的動作變慢）放手。這可透過上升速度來計量，以及訓練到非常熟練。當你身體上升到置頂點時才開始下降，那代表你有額外的時間可訓練拍掌。這訓練比在上頂點放手後立即下降還要好。當你拍掌後重新抓槓時，再控制下降低身體，如果可以就增加反覆動作。

擺盪式後拍掌引體向上會限制爆發力，若藉由爆發力瞬間擺盪會比先前容易，但因為這對擺盪經驗不足的人來說難度較高，所以難度級數也較高。

鬆手後，讓手放到身後拍掌，拍完後迅速回到身前，這就需要絕佳的協調性。不只是手離開單槓拍掌需要，還有身體開始下降時的恢復握槓。而你開始訓練此動作時，要確保地上鋪有軟墊。

L 型撐體拍腹引體向上—— 8 級

肩胛位置：以L型撐體懸垂開始，讓肩胛完全放鬆且上提，下壓肩胛啟動上拉動作，過程中肩胛位置自然會轉動與些微後收，直到拉至上頂點後隨即拍腹再握槓，當垂降後再次反覆。在上頂點與拍腹時肩胛應完全下壓。

技巧：以L型撐體懸垂開始，讓手肘向身體移動，上拉身體使下巴過槓。以在不伸長脖子的情況下讓鎖骨過槓為目標，接著爆發上拉，目標讓胸部往上約3－6寸，過程中身體會些微後傾，能避免頭部撞到單槓。拍腹後再重新握槓，有效控制身體降低，身體回到L型撐體懸垂，過程中手肘跟身體維持在同一條線上且不擺盪。

當進行L型撐體拍腹引體向上時，會增加手與目標的距離，也就代表需要更多的爆發上拉，產生更多在空中拍打目標與復槓的所需時間。上拉過槓的能力明顯較之前所進行的動作容易，因為要拉到的高度跟拍打的目標區域相近。一般來說這會被認為是作弊，但從變得更有力，與上拉高度更高的結果來看，這會與最終的目標相符。

引體向上至胸部乳頭附近會比較容易，當手靠近腹部時，要快速拍腹然後恢復握槓。這動作需要很好的上拉能力，預估能完成此技巧的初學者，同樣也能完成自身體重60－75%的負重引體向上。

L 型撐體拍腿引體向上── 9 級

肩胛位置：以L型撐體懸垂開始，讓肩胛完全放鬆且上提，下壓肩胛啟動上拉動作，過程中肩胛位置自然會轉動與些微後收，直到拉至上頂點後隨即拍腿再握槓，當垂降後再次反覆動作。在上頂點與拍腹時，肩胛應完全下壓。

技巧：以L型撐體懸垂開始，讓手肘向身體移動，上拉身體使下巴過槓。以在不伸長脖子的情況下讓鎖骨過槓為目標，接著爆發上拉，目標讓胸部往上約3－6寸，過程中身體會些微後傾，能避免頭部撞到單槓。拍腿後再重新握槓，有效控制身體降低，身體回到L型撐體懸垂，過程中手肘跟身體維持在同一條線上且不擺盪。

L型撐體拍腿引體向上，較前面腹部動作有一步之遙，且落下時需要手部超出4－6寸的動作。肌力水準可與以自身體重75－90%進行引體向上相提並論，也同樣適用於單臂引體向上。

有2種方式可進行此動作，可依個人喜好選擇。第一種是更有力的上拉，類似之前的拍腹引體向上在胸部／乳頭高度鬆手，隨後快速地復槓。另一種是更有力的引體向上與握槓，直到腹部中間區域到達單槓的高度再鬆手。

直體拍腿引體向上—— 10 級

　　肩胛位置：以懸垂姿勢開始，讓肩胛完全放鬆且上提，下壓肩胛啟動上拉動作，過程中肩胛位置自然會轉動與些微後收，直到拉至上頂點，隨即以直臂方式拍腿再握槓，當垂降後再次反覆動作。在上頂點與拍腿時肩胛應完全下壓。

　　技巧：以懸垂姿勢開始，讓手肘向身體移動，上拉身體使下巴過槓。以在不伸長脖子的情況下讓鎖骨過槓為目標，接著爆發上拉，目標讓胸部往上約3－6寸，過程中身體會些微後傾，能避免頭部撞到單槓。直臂拍腿後再重新握槓，有效控制身體降低，身體回到懸垂姿勢，過程中手肘跟身體維持在同一條線上且不擺盪。

　　直體拍腿引體向上有2種方式，建議爆發上拉至少到腹部高度。另一種有效的方法雖然是「遊戲系統」，但可技術性地進行完整上槓，然後彈離單槓 —— 拍打 —— 復槓。這會比較簡單，尤其在上槓後與彈離槓前的停頓。

　　此動作的目標是發展上拉時卓越的肌力，而非酷炫的技巧。彈離槓前拍掌的上槓停頓，並無法發展爆發上拉的肌力。

　　如果能正確進行此動作，代表上拉肌力應已完整，約能負重自身體重的95－105%，且這是貨真價實，不是視覺上的招式。

非擺盪式後拍掌引體向上—— 11 級

　　肩胛位置：以懸垂姿勢開始，讓肩胛完全放鬆且上提，下壓肩胛啟動上拉動作，過程中肩胛位置自然會轉動與些微後收，直到拉至上頂點隨即後拍掌再握槓，當垂降後再次反覆動作。在上頂點與拍掌時肩胛應完全下壓。

　　技巧：以懸垂姿勢開始，讓手肘向身體移動，上拉身體使下巴過槓。以在不伸長脖子的情況下讓鎖骨過槓為目標，接著爆發上拉，目標讓胸部往上約3－6寸，過程中身體會些微後傾，能避免頭部撞到單槓。後拍掌後再重新握槓，有效控制身體降低，身體回到懸垂姿勢，過程中手肘跟身體維持在同一條線上且不擺盪。

　　非擺盪式後拍掌引體向上，是其中一種上拉爆發力的最終代表，定稿至今，沒人能成功進行這項動作。Cisco是在YouTube上，以單臂爬繩與7＋OAV／OAP划船聞名，試圖嘗試此動作。達成此動作會讓你非同凡響。

　　以之前的訓練與一些合理的假設，此動作的關鍵是要非常激進，且足夠爆發上拉到腹部中間的高度，為了拍掌與復槓，墜地前快速的手部動作是必需的。因此，為了拍打部分，手臂動作建議也要訓練，因為要進行此動作，快速的手部動作是絕對必需的。

　　如果你準備嘗試此動作，祝你好運，你已具備令人咋舌的上拉爆發力！祝追求的終極技巧成功。

十字懸垂——進度表第 2 頁，第 9 欄

十字懸垂有其專屬的章節，對結締組織來說，這姿勢需要相當技巧，且如果沒有正確進行，很容易造成過度使用的傷害。

根據技巧的進度表，建議具備以下先決條件，會幫助結締組織與關節有正確的發展，挑戰十字懸垂的建議條件如下：

1. 環帶手倒立撐體
2. L型撐體／分腿L型撐體與直臂手倒立推撐
3. 直體後槓桿（反握）
4. 半直體／單腳直膝前槓桿
5. 吊環進階團身俄式撐體
6. 吊環臂屈伸撐體（臂屈伸及轉動至75度超過平行）

具備以上基本的肌力是很關鍵的，因為十字懸垂讓身體承受極度劣勢的姿勢，且大於先前進行的任何動作。為了避免受傷，發展足夠的基礎肌力對一開始訓練十字懸垂的安全性來說是很重要的。

上列所有技巧都有些共同點，吊環手倒立可完整地發展推的肌力，尤其是前肩（需要很多肌力用於十字懸垂訓練）。所有直臂的訓練，從直臂手倒立推、直體後槓桿、前槓桿與俄式撐體，會讓肩部、前臂的結締組織，在訓練時與其劣勢的槓桿作用下，可以安全地支撐體重。

吊環旋轉撐體尤其會讓手肘與胸部承受高於類似十字懸垂的張力。吊環旋轉撐體，要先能在吊環上進行翻出90度的撐體至少30秒（手掌完全向前）。這會引發手肘內側、肱二頭肌與胸肌的扭轉，但這張力會在十字懸垂嚴苛的訓練下，提供保護身體所需的適應。

十字懸垂進程── 9級

訓練方法

以下針對十字懸垂列出4種常見的訓練方法，依序列出效果最多至最少。盡量能做出十字的姿勢，包括讓自己保持在吊環上。

1. 有同伴輔助是最好的，這需要肌肉全程發揮最大的努力，對肌力與肌肉質量會有絕佳的發展（只要你吃得夠多）。此外，同伴會藉由激勵與良性競爭，讓訓練更為有效。

2. 第二選擇是利用彈力帶並承受負重進行十字上拉，或用器械滑輪連結負重（或自身體重）來進行。這在模擬十字姿勢上非常合宜，且可計量負重，讓訓練上漸進的肌力有所記錄。對負重訓練來說，可使用啞鈴、負重背心，或其他能提供連貫性增加或減少身體重量的器材。

3. 木箱十字上拉會讓闊背肌承受較胸肌更多的張力，基於這原因而歸類為第3種方式。換言之，木箱十字上拉會因為可以透過腳在木箱上的幅度，或木箱的高度來評估，成為有效的訓練方式。

最後是彈力帶輔助上拉，因為較少肌力估算的資訊，也讓訓練無法有連貫性，所以效果最低。如果使用木箱會感到不自在，可以用此方法取代，但最好還是要盡你所能來維持連貫性，確保訓練是穩定的。如果選擇此訓練方式，就挑選會讓你使勁但最終又可以獲得進步的方式。

以前臂上推吊環來降低槓桿作用，是有效的方式，但進行十字懸垂時，這方式對結締組織的發展就不見得有用。在十字懸垂的肌力訓練過程中，結締組織對張力的適應有限是很常見的。手肘（肱骨內上髁）、肩部（旋轉肌與周邊穩定肌群）的結締組織所受的影響會最大。

其他還可以選擇器械滑輪進行訓練。

輔助十字

穿負重背心進行彈力帶十字上拉

木箱十字上拉

彈力帶十字上拉

器械滑輪十字制動

技巧

- 以固定手肘與肩胛下壓，進入支撐的固定姿勢。
- 轉動手掌吊環外轉（RTO－rings turned out），全面向前方。
- 當下降時，往前旋轉肩部讓手肘面向前方，可能會轉動到面向地板，但無傷大雅。
- 降低至十字姿勢時，確保肩胛隨時保持下壓，並緊縮肩部周邊肌群，防止肩胛不穩定。

你勢必要除去過程中的2大阻礙，以免養成壞習慣：

- 手肘務必全程伸直，常見的錯誤就是屈臂，因為這麼做肩部力矩會減少。但是可以讓闊背肌承受更多的張力，畢竟它比胸大肌還強而有力。所以要盡一切代價來避免錯誤。
- 當闊背肌與胸大肌開始疲勞時，肩部上提是很常見的。這是不安全的徵兆，因肌肉開始不能支撐肩部，讓肩部有極大的受傷機會。如果開始感到肩無力，肩部開始接近耳朵時，就要馬上結束任何動作。因為這很容易使旋轉肌的軟組織產生肌腱炎、扭傷、夾擠。

如果用力向前轉動肩部，肩胛就可能下壓，讓肩部保持在中線姿勢，雖然這讓手肘有點壓力。對於先前提及的肩部症狀，這些技巧還是值得考慮。如果試圖進行此技巧，投入訓練前請確保手肘是健康的，因為可能進行十字姿勢時，會失去肩部自然固定的能力。

當開始實際進行訓練，要確定手肘有徹底的熱身。肩胛的訓練方式，參考本書的復健部分（CHAPTER22）同樣有用。基本上，因為這可能讓肩部結締組織粗糙，開始訓練前，會希望能熱開肩部的所有部分。如果尚未在日常訓練中增加內轉與外轉的旋轉肌訓練，應即刻增加。

目前官方的體操評分規則，要求進行十字時不行虛握，因為這讓完成姿勢變得容易。然而，當學習階段時，進行翻出支撐與降低時，使用虛握是可接受的。

請注意：如果尚未準備周全，十字姿勢可能會造成肩部與手肘的損傷。*如果尚未達成清單上的條件，不要進行此階段的任何動作。*

可參考Catalyst Athletics大量關於十字懸垂的文章，網址如下：http://stevenlow.org/ironcross/。

十字懸垂—— 10 級

肩胛位置：取決於使用的技巧，當降低身體呈十字懸垂姿勢，肩胛下壓與些微前伸，或是下壓並維持中線。

技巧：手臂保持向外伸直呈一直線，讓手臂與身體呈90度，降低肩部並固定姿勢，向髖部下拉吊環維持姿勢。

現在已非常接近，或是可以短暫維持十字懸垂姿勢，這時為了讓身體的神經支配上能有更多維持姿勢的時間，要整合更多輔助固定姿勢的訓練，要開始以大量的離心／向心運動來訓練，利用訓練獲得所有關節活動範圍的基礎肌力。

如果你是獨自一人進行此姿勢的訓練，這可能會使身體自任何型態的支撐上移動，或移動到固定姿勢都變得很困難。強化完整的動作，可廣泛幫助其他既定的上拉動作，如後槓桿、前槓桿、單臂引體向上。

關於訓練建議，可參考先前提過的網路文章。本書訓練範例的部分，同樣有談到一些專項訓練。傳統輕／重的訓練量可以包含在完整的訓練課表中，日常波動週期化系統也適用。

這是體操評分規則中的B級技巧。

十字懸垂轉後槓桿——11 級

肩胛位置：取決於使用的技巧，當降低身體呈十字懸垂姿勢，肩胛下壓與些微前伸，或是下壓並維持中線。當轉換到後槓桿，肩胛會自然後縮但呈中線。

技巧：先維持十字懸垂姿勢，手臂保持伸直一直線，讓手臂與身體呈90度，降低肩部並固定姿勢，向髖部下拉吊環維持十字懸垂姿勢。然後移動身體至後槓桿，身體前傾並稍微後拉吊環。持續對吊環施予下壓力。當持續前傾時，最後達到讓重力支配的臨界點，在轉換上要盡可能控制。

此技巧的重點是，從十字姿勢轉換到後槓桿，過程要維持下壓吊環的感覺，這一定要不斷收縮闊背肌，尤其當上半身前傾時。在試圖自行嘗試之前，也可透過器械滑輪，或其他人的支撐來練習。

要顧慮的問題是「墜落」，如果不夠有力且無法控制慢慢下降，在轉到後槓桿時身體會擺動，這對手肘與肩部是很苛求的。如果這已是個問題，可以先不進行此動作，而是強化肌力。或者可利用器械滑輪或請人支撐。

這是體操評分規則中的B級技巧。

十字懸垂上拉── 13 級

肩胛位置：取決於使用的技巧，當降低身體呈十字懸垂姿勢，肩胛下壓與些微前伸，或是下壓並維持中線。上升期間，肩胛於支撐點會保持些微前伸與下壓，或於支撐點呈現中線

技巧：手臂保持向外伸直呈一直線，讓手臂與身體呈90度，降低肩部並固定姿勢，向髖部下拉吊環維持姿勢，接著使勁下推讓伸直的手臂位在體側，手則維持向外撐體的姿勢。

要從固定姿勢上拉，需要非常大量的肌力，連續進行標準的輔助上拉，以及降低阻力直到毋須借助輔助，會是有用的方式。

移動手部有2種不同的方式，可將手下拉至身體兩側，或用手下壓往下撐。你應選用最能專心使用的方式。要注意當重心移往手部，訓練的是闊背肌與胸大肌（同樣都是拉的肌肉），拉的運動就是這樣被歸類。

相較於等長的部分，上拉需要非常大的肌力，這會讓腎上腺素與120%1RM的最大肌力得以發揮。

這體操評分規則中的C級技巧。

懸吊轉後槓桿—— 14 級

肩胛位置：開始時肩胛上提並放鬆。啟動肩部與下壓肩胛，上拉至十字時肩胛會些微前伸。從十字到往前傾時肩胛會後收，完成後槓桿時肩胛會在中線。

技巧：以懸吊姿勢配合手臂保持直臂虛握，雙手直臂下拉，讓手稍微在身體前面以獲得更多的槓桿作用。當離十字姿勢越來越近，身體前傾並維持直臂姿勢，一旦前倒成後槓桿姿勢，要緊縮闊背肌讓身體慢速下降，否則會拉傷肩部與手肘。

此動作會很困難，因為是以完全的懸吊為起始姿勢，如果從下底點拉起感到艱難，有種方法是在過程中產生推動，包含在吊環向外前先向內拉，這提供開始下拉前手臂的推動力。也可以抬腳呈半L型撐體來產生上推力，以幫助肌力性的動作啟動。最後，無須再利用推動力來輔助此動作。

這是體操評分規則中的C級技巧。

蝶式定位—— 15 級

肩胛位置：開始時肩胛上提並放鬆。啟動肩部與下壓肩胛，上拉至十字時肩胛會些微前伸。從十字到所有的支撐姿勢，肩胛會下壓與維持中線，或些微前伸。

技巧：以懸垂姿勢配合手臂保持直臂虛握，雙手直臂下拉。會希望讓手稍微在身體前面以獲得更多的槓桿作用。當離十字姿勢越來越近，持續施力下壓吊環，並維持既有的推動力。如果慢下來或停住，可能會就此卡住，且不再有多餘的肌力完成動作。

此動作需要直臂上撐的肌力，且是非常驚人的上拉肌力。如同之前的動作，困難的部分在於以完全的懸垂為起始姿勢，如果從下底點拉起感到艱難，有種方法是在過程中產生推動力，包含在吊環向外前先向內拉，這提供開始下拉前手臂的推動力。也可以抬腳呈半L型撐體來產生上推力，以幫助肌力性的動作啟動。最後，無須再利用推動力來輔助此動作。

這是體操評分規則中的C級技巧。

撐體後懸吊轉十字懸垂—— 16 級

肩胛位置：開始時肩胛下壓。一開始讓十字姿勢降低至懸垂姿勢，一旦達成，放鬆肩胛進行反向動作——再次上堤與下壓。當轉換成十字姿勢時，肩胛會維持下壓並在中線，或些微前伸。

技巧：以支撐姿勢開始，慢慢降至十字姿勢然後再到懸垂姿勢。當從下底點要上拉時以虛握進行，當轉成懸垂姿勢，立刻讓手在吊環翻出下拉，這會讓身體提高到支撐位置。

這是先前動作的延伸，以懸垂支撐至十字，來連結蝶式定位與蝶式十字間的差異。此技巧需要大量的能量來控制由懸垂支撐，經十字變成垂降的反覆動作。這讓從下底部上拉的隨後動作更顯困難，儘管有手部的推動力輔助。

如同先前的動作，可利用推動力（或自身體移動成半L型撐體的推動力），來輔助自下底部上移的肌力性動作，記住，最後不須再利用推動力來輔助此動作。

這是體操評分規則中的C級技巧。本書沒有蝶式十字，它大約為17級，體操評分規則中的D級，這是從懸垂姿勢開始上拉到十字的技巧。

CHAPTER 26

推的變化
PUSHING VARIATIONS

俄式撐體 ——雙槓與地板——進度表第 3 頁，第 1 欄

　　俄式撐體需要非常高強度的直臂肌力。每個人在進行徒手肌力訓練時都努力地想把這個項目做好，然而真正能夠完整做出此項目的人少之又少。

　　現今網路上也有許多介紹俄式撐體的影片，以及建議如何訓練的方法。然而在大多數的影片當中，示範者的後背呈過度拱形，而手臂卻有輕微的彎曲。這樣的錯誤示範不只會讓俄式撐體變得不美觀，同時也犧牲了俄式撐體的肌力訓練。或許你聽過有人能夠在1年之內練成「俄式撐體」，但很有可能使用的技巧並不正確。

　　如果真正有效的俄式撐體健身是你所追求的主要目標之一，記得避免錯誤的動作，否則將無法有正確的肌力發展。雖然要確實地做出俄式撐體所需的訓練時間很長，但身體的姿勢與整體肌力將會有非常顯著的增長，同時也會對其他徒手肌力訓練的技巧產生助益。

　　在俄式撐體當中，手掌有很多種不同的擺放位置，每一種都有其利弊。正手（手掌向前）是比較簡單的一種方式，因為在手指上的肌力會比較足夠，但是比起接下來要介紹的其他方式，正手會使得手腕較不好移動。側手（雙手手掌向外）的方式能夠容易的從地面移動到伏地挺身架或

從雙槓移動到吊環，不過這個姿勢比起正手要較困難一點。反手（手掌向後）是最為困難的姿勢，但可以直接鍛鍊到肱二頭肌，建立大肌肉群與結締組織的肌力。

這些姿勢都是可行的，不過除非你有特別的原因需要鍛鍊正手或反手，否則建議以側手的方式來訓練最合適，這樣對手腕的負擔也會最小。

想要快速練成俄式撐體的人，可能會覺得使用正手對他們來說是最佳的選擇，而對於要在吊環上做出特定動作的人來說，反手會是較合適的方式。（若是選擇使用正手來訓練，要確保在平日的訓練中加強手腕的鍛鍊，以免造成過度使用的運動傷害。）

在訓練俄式撐體的過程中，你很可能會因為直到成功練成之前，所耗費的時間過於長久而感到沮喪。但請記得，你並不清楚那些宣稱短時間內就練成者的肌力及生理狀態，他們很可能已經擁有5至10年的肌力訓練基礎，因此訓練俄式撐體的過程才能如此迅速。俄式撐體的訓練關鍵就是一致性，即使是輔助的訓練也一樣需要維持原本的訓練。如果你持續變動你平常訓練的項目或方式，不要期望能夠在俄式撐體這項動作中成為佼佼者。

在維持俄式撐體的姿勢時，肩部應該會感到緊繃但可活動，而肩胛骨則要盡可能向前伸展下壓。要保持此狀態，從手掌、手臂延伸到肩部，三者配合下壓地板將身體撐起，才能對抗整個身體向下的肌力。此種姿勢對於肩部的負擔較小，更能抓到身體的槓桿平衡，而調整到最正確的動作。同樣的姿勢也能運用在其他的項目上，像是L型撐體、臂屈伸及吊環的撐體動作。

蛙立—— 3 級

肩胛位置：肩胛骨向前伸展下壓，避免後背拱起。

技巧：緊抓地板或雙槓，手臂微彎、身體前傾，直到身體大部分的重量轉移到手掌。慢慢將一隻腳的膝蓋抬起，靠在微彎的手肘旁，而後另一隻腳重複動作。當你能成功地保持平衡，再試著將身體前傾，使肩部與髖部達到水平等高。

與其說蛙立是展現肌力的技能，其實更多是講求平衡的技巧。不過，這也並不代表蛙立不需要肌力來支撐，只是蛙立在大部分的過程中，主要都是在尋找身體和手臂相互配合的方式與平衡感。其他做出蛙立的方式之一，是將兩個手掌及頭部，共3個點支撐在地板上，呈現如手倒立的樣子，再來將腿部彎曲，使兩腳膝蓋慢慢向兩邊手肘靠攏，再漸漸將重心轉移至手中並取得平衡。

　　自訓練俄式撐體開始，你最好有隨時會著地的自覺。這是訓練必經的過程，也是最有挑戰性的一環。不過你可以用肩部來避免這種狀況發生，但記住，不可將手肘彎曲（除了蛙立），否則養成習慣後會很難改正。整個身體肌力的重心應該要是由肩部發出的直臂推力所支撐。

直臂蛙立—— 4 級

肩胛位置：肩胛骨向前伸展下壓，避免後背拱起。

　　技巧：手臂打直（不要彎曲），身體前傾，同時保持穩定但使肩部可以自由活動。身體前傾的同時將膝蓋直接貼在手肘後方。直臂蛙立不像先前所述那些動作有可以稍微幫忙支撐身體的部分，因此必需仰賴良好的肩部狀態及腹部肌力。

　　剛開始訓練直臂蛙立時，你可能必需要將手臂微彎才能夠成功（見此頁上圖）。這在初級階段是可以被允許的，因為一開始的動作主要是跟平衡有關。然而一旦你練到可以把手臂打直，會轉而倚仗肩部的肌力。接下來的動作會比較困難，必需將身體再稍微前傾一點。如果你已經有臉會著地的心理準備，那就可以進行下一階段了。

　　直臂蛙立可以説是介於蛙立（手臂微彎）與團身之間的動作。對於直臂蛙立來説，手臂打直是掌握正確肌力的關鍵。直到訓練至手肘能夠完全不彎曲之後，才能進入下一階段。

團身俄式撐體—— 5 級

肩胛位置：肩胛骨向前伸展下壓，避免後背拱起。

技巧：先從蹲坐的姿勢開始，將手掌緊貼地板或雙槓保持肩部繃緊但可活動。身體前傾，將身體的重量從雙腳移至手臂上。接著身體繼續前傾，抬高髖部，直到與肩部等高，現在的姿勢便是團身俄式撐體的姿勢。盡可能將膝蓋緊貼在胸前，並將腳靠近髖部。

團身俄式撐體是這一系列動作的第一個項目，完全僅依靠肩部肌力來支撐身體。通常對於初學者來說，害怕自己支撐不住而摔到臉部會是一個很大的障礙。重要的是必需先降低恐懼感，才能專注在正確的強度訓練。可以在手部前方的地板上放上一顆枕頭或其他軟墊，以防摔倒。

還有一個問題也可能會發生。你可能會覺得在團身的時候，沒辦法好好地將膝蓋與腳掌維持緊繃狀態。這跟核心壓縮的肌力有關，而核心的肌力可以藉由L型撐體的訓練一起鍛鍊。在訓練團身俄式撐體的時候也可以透過一些器材工具，像是矮版分體雙槓或兩張結實的椅子來訓練核心。要把團身做得確實，就要盡可能地將膝蓋貼近胸前，而腳掌貼近髖部。最後一步，不要忘記要保持肩部的活動度與肌力。

進階團身俄式撐體—— 6 級

肩胛位置：肩胛骨向前完全伸展下壓，避免後背拱起。

技巧：先從蹲坐的姿勢開始，將手掌緊貼地板或伏地挺身架。手臂確實打直，保持肩部繃緊但可活動。身體前傾，將身體的重量從雙腳移至手臂上。接著身體繼續前傾，抬高髖部，直到與肩部等高，現在的姿勢便是團身俄式撐體的動作。盡可能將膝蓋緊貼在胸前，並將腳靠近髖部。再來，緩慢地伸直背部並且伸展腿部至與髖部角度呈90度。

進階團身俄式撐體由團身俄式撐體開始，再來將背部伸展至水平，其間保持髖部與肩部一致等高與地板平行。練到此時，應該可以將團身的動作控制得很好了，在地板上訓練時，腳有點拖地也不用太緊張。接著，手臂與肩部保持不動，身體前傾，手掌緊抓地板，將重量慢慢移至手掌上。從團身俄式撐體的姿勢慢慢伸展背部，到達進階的姿勢。

起初訓練的時候，你可能會被如何伸直背部所擾，不過背部控制的訓練可以由直臂手倒立鍛鍊。俄式撐體及直臂手倒立兩者都是直臂訓練的項目，不僅可以增進肩部的肌力，也可以加強核心肌力與知覺。

將背部伸展打直是為了要增加難度。伸展背部會讓身體再稍微前傾，且會增加肩部的力矩。若是在伸展背部的同時，腳往下垂落，你很可能是遇到了以下兩者問題之一：第一，身體前傾的角度不夠，只需要再將身體前傾一點，即可解決腳下垂的問題；第二，你身體的肌力還不足以支撐你做這個動作，要再回頭訓練前一階段，直到準備好進入下一階段的實力。

在身體疲勞程度的許可下，增加訓練量對於俄式撐體所需的肌力來說有極佳的幫助。雖然對於肩部下壓的鍛鍊動作都可能增強肩部下壓的肌肉力量，但是要專注地做一個項目才會真正有幫助。像是偽俄伏地挺身或俄式撐體衝肩都是很好的訓練項目，不過這兩者稍微難以衡量強度，這也是這2個項目沒有被列在系列清單中的原因。

偽俄式撐體伏地挺身

進階的偽俄式撐體伏地挺身要將手部向後的程度拉大。

　　偽俄式撐體伏地挺身（Pseudo Planche Pushups，縮寫為PPPUs）實際上是藉著腳部的輔助，模擬俄式撐體的姿勢完成伏地挺身最好的訓練。當訓練遇到障礙，偽俄式撐體伏地挺身會有明顯幫助。

　　先從最標準伏地挺身的姿勢開始，但要將腳部放置在輔助的器材上方，而不是放置在地板上。輔助的器材可以是箱子、地墊、椅子……任何可以將腳部抬至與肩呈同高的東西都可以。接著保持身體打直或稍微下降，將身體盡可能地前傾至一般俄式撐體姿勢，整個身體下降至肩部與手肘等低，再發力撐起身體回到腳部輔助的俄式撐體姿勢。

　　俄式撐體衝肩的動作便如字面上的意思，將腳掌撐起至肩部高度，盡可能地將身體前傾至不會摔倒的程度，再維持此姿勢一段時間。

　　從這個階段開始，通常會想要將屈臂或髖部抬得比肩部高，這些錯誤的動作都需要小心地避免。由於受到動作強度增加的影響，會很難維持身體感知讓動作控制在正確的姿勢，但是要確保動作的正確性。嘗試過一次「臉部著陸」後，髖部可能就會自動地放低了。可以請人將自己訓練的姿勢錄下來，檢查自己的動作。

　　偽俄式撐體伏地挺身是俄式撐體訓練中很棒的輔助訓練。輔助器材擺放位置固定很重要，可以在地板上先做記號，隨著自身的進步，手部的位置也慢慢往後標記。標記位置可以是平常伏地挺身的位置，或是從腳部算起的總距離長度。無論標記的方式如何，偽俄式撐體伏地挺身對提升俄式撐體所需的肌力有很大的幫助。

懸吊輔助俄式撐體

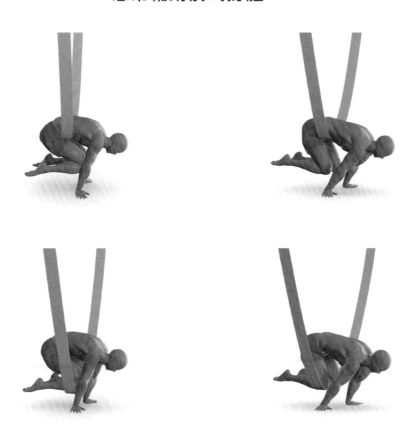

　　懸吊輔助俄式撐體是近期很受歡迎的訓練變化動作之一。這種動作可以降低肌力的需求，達到俄式撐體位置的姿勢。身體能夠很快地適應訓練姿勢和特定角度的正確肌力運用，可以減少達到俄式撐體所需要的身體強度與訓練時間。偽俄式撐體伏地挺身雖然是較佳的選擇，不過還是可以2種方式都嘗試，再選擇最適合自己的方式。

分腿俄式撐體── 8 級

肩胛位置：肩胛骨向前完全伸展下壓，避免後背拱起。

技巧：先從蹲坐的姿勢開始，將手掌緊貼地板或伏地挺身架。手臂確實打直，保持肩部繃緊但可活動。身體前傾，將身體的重量從雙腳移至手臂上。接著身體繼續前傾，抬高髖部，直到與肩部等高，身體打直，雙腿分開。從肩部、髖部、膝蓋、腳踝到腳趾要呈一直線，但是腿部要盡可能地分開。

分腿俄式撐體可以在地板上或在伏地挺身架上完成。最常見的方式是髖部略為彎曲，當雙手取得平衡時，再將雙腳抬離地板。另一種方法是用跳躍的方式做出分腿俄式撐體的動作，再試著平衡。雖然後者較困難，但有些人比較喜歡這個方式。無論哪種方式，要選擇適合自己的，並保持正確姿勢。

到現在為止，訓練過手倒立、腹部壓縮動作及後槓桿與前槓桿的進程，分腿的動作應該已經很熟練了，如果還不熟悉分腿的動作，先把分腿練好再來嘗試分腿俄式撐體，會是較正確的做法。

在大多數的狀況下，分腿俄式撐體是需要輔助訓練來完成的。通常有3項運動配合運用，第一項是靜態的俄式撐體，另外兩項是額外的動態動作（像是俄式挺伏地挺身或偽俄式撐體伏地挺身，這種需要運用到撐體或手倒立的動作）。

為了消除進階團身與分腿動作之間的差距，可以使用有輔助的分腿俄式撐體或任何更高難度的進階團身來訓練，像是在腳踝上增加重量，或是在做進階團身時穿上負重背心。也可以使用彈力帶或其他有彈性的皮帶來輔助，能夠更容易地做出分腿俄式撐體。

避免屈臂及髖部位置過高！使用攝影機、鏡子或請輔助員來評估及修正動作。

這是體操評分規則中的A級技巧。

半直體／單腳伸展俄式撐體── 9 級

肩胛位置：肩胛骨向前完全伸展下壓，避免後背拱起。

　半直體的技巧：先從蹲坐的姿勢開始，將手掌緊貼地板或伏地挺身架。手臂確實打直，保持肩部繃緊但可活動。身體前傾，將身體的重量從雙腳移至手臂上。接著身體繼續前傾，抬高髖部，直到與肩部等高，現在的姿勢便是半身的動作：膝蓋與腿部同時動作，且從髖部、膝蓋到腿部，三者呈一直線，但要將膝蓋彎曲呈90度。

　單腳伸展俄式撐體的技巧：先從蹲坐的姿勢開始，將手掌緊貼地板或伏地挺身架。手臂確實打直，保持肩部繃緊但可活動。身體前傾，將身體的重量從雙腳移至手臂上。接著身體繼續前傾，抬高髖部，直到與肩部等高，現在的姿勢便是單腳的動作：同樣是身體打直的狀態，其中一隻腿彎曲，做出像是進階團身的動作。

　半直體動作是較為推薦的選擇，這種方式比較容易轉換成完整的俄式撐體，不過，對自己來說最合適的方式才是最好的方式，無論是哪種方法，都要保持正確的姿勢，如果有任何一點錯誤的話，一定要立刻修正。

　這個姿勢是介於分腿俄式撐體與直體俄式撐體之間一個非必要的動作，有很多人會跳過這個階段而直接挑戰完整的俄式撐體。如果能力允許，當然可以直接完成直體俄式撐體，但若是沒有辦法的話，半身會是加速練成俄式撐體進程的好選擇。

直體俄式撐體── 11 級

肩胛位置：肩胛骨向前完全伸展下壓，避免後背拱起。

技巧：先從蹲坐的姿勢開始，將手掌緊貼地板或伏地挺身架。手臂確實打直，保持肩部繃緊但易於活動。身體前傾，將身體的重量從雙腳移至手臂上。接著身體繼續前傾，抬高髖部，直到與肩部等高，現在的姿勢便是俄式撐體的動作，且從肩部、髖部、腿部及身體軀幹均呈一直線，腳尖朝後，身體與地板平行。

學習俄式撐體最重要的關鍵在於克服臉部著地。前傾的距離要夠遠，角度要夠大，像是快要摔到地上的感覺，即使已經覺得離地板非常近了還是要盡可能地向前，全身的肌肉也會因核心、臀肌和腿部的發力而產生張力。其中一種產生張力的方式就是將雙手緊握，並向前壓地，這些另外從胸大肌和前鋸肌發出的張力有助於提高肩帶的肌肉活動，幫助你完成俄式撐體需要的最後一點肌力。

就像是分腿俄式撐體，直體俄式撐體也需要一些特定的輔助運動項目，而你也必需要知道什麼項目對你來說才是最好的。人們通常會因為缺乏肌肉組織或肌肉潛在不平衡而退縮，若是上拉動作或背肌肌力較弱，要加強訓練肩胛後縮運動，以及鍛鍊三角肌和旋轉肌群。若是沒有肌肉不平衡的困擾，那高重複性的肌肥大訓練就能幫助增生肌肉群。要記得，*肌力＝神經適應×肌肉橫斷面積*。在肩上增加的一點小重量都有助於增強肌力，且不會如你所想那般妨礙你。

一旦你做到了俐落且完美的直體姿勢，記得要拍照留念，因為你做出了俄式撐體！恭喜！這不是件容易的事。

這是體操評分規則中的B級技巧。

直臂分腿俄式撐體手倒立—— 12 級

肩胛位置：肩胛骨向前伸展下壓，避免後背拱起。當身體撐起，肩胛骨從向前伸展轉為中立，且從下壓轉為上提。在最後手倒立的姿勢中，肩胛骨將會完全伸展上提。

技巧：從分腿俄式撐體的姿勢開始，向前微傾，且開始施加壓力在手掌上來撐起髖部，當你完成手倒立的姿勢，肩部上的力矩減少，動作也會變得比較簡單。

直臂分腿俄式撐體手倒立（Straight-Arm Straddle Planche to Handstand，縮寫為SA Str PL to HS）可以在FX（地板）或PB（雙槓）上進行。上圖便是在地板上演示的姿勢。這個動作是由分腿俄式撐體開始，再撐起身體手倒立。要完成這個動作需要一點蠻力，若是你對於俄式撐體及手倒立都很熟練的話，就可以開始訓練了。通常反向開始會是最容易的，等到肌力更強壯且對於這個動作更熟悉之後，就能完整做出此項目了。

要記住的重點是，維持肩部活動及挺直身體。一旦身體開始向前傾倒，看起來就會像是一般的手倒立：將手部穩定地舉在頭上，自然地會想要彎曲背部，但這是不正確的，要小心避免。

避免彎曲手臂和拱起背部。（一開始背部稍微拱起是可以的，但隨著肌力的增長，要慢慢改正這個錯誤的動作。）

這是體操評分規則中的B級技巧。

吊環直臂分腿俄式撐體手倒立—— 14 級

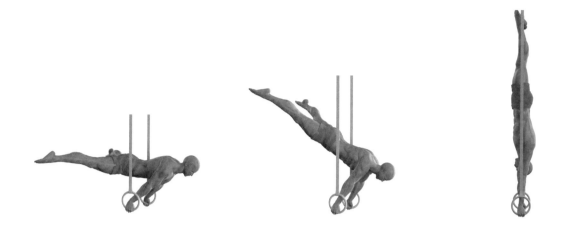

肩胛位置：肩胛骨向前伸展下壓，避免後背拱起。當身體撐起，肩胛骨從向前伸展轉為中立，且從下壓轉為上提。在最後手倒立的姿勢中，肩胛骨將會完全伸展上提。

技巧：跟前一個動作一模一樣，唯一的不同點是在吊環上進行。從分腿俄式撐體的姿勢開始，向前微傾，且開始施加壓力在手掌上來撐起髖部。當你完成手倒立的姿勢，肩部上的力矩減少，動作也會變得比較簡單。

要完成吊環直臂分腿俄式撐體手倒立（Rings Straight-Arm Straddle Planche to Handstand，縮寫為 Rings SA Str PL to HS），努力是不可或缺的一項要素，若是對於俄式撐體與手倒立都很熟練，就可以開始訓練了。通常由反向開始都是最容易的，一旦肌力增強且對於這個動作更熟悉之後，就能完整做出此項目。

要記住的重點是，維持肩部活動及挺直身體。一旦身體開始向前傾倒，看起來就會像是一般的手倒立：將手部穩定地舉在頭上，自然地會想要彎曲背部，但這是不正確的，要小心避免。

雖然這個動作比正常第12級的動作還要難上很多，但還是屬於體操評分規則中的B級技巧，不過與前述的幾種動作相較，這個動作很有可能是13或14級的動作，大概在C級技巧的後段部分。

直臂直體俄式撐體手倒立—— 15 級

肩胛位置：肩胛骨向前伸展下壓，避免後背拱起。當身體撐起，肩胛骨從向前伸展轉為中立，且從下壓轉為上提。在最後手倒立的姿勢中，肩胛骨將會完全伸展上提。

技巧：從直體俄式撐體的姿勢開始，向前微傾，且開始施加壓力在手掌上以撐起髖部。當你完成手倒立的姿勢，肩部上的力矩減少，動作也會變得比較簡單。

這裡的方法和技巧都和分腿俄式撐體手倒立是一樣的，向前傾是為了要將自己的身體轉為手倒立的狀態，肩部上的肌力也要維持住，避免向前摔倒。先從反向訓練起，再轉為正向。

這個動作比前兩個困難的地方在於，起始動作是由俄式撐體開始，這表示沒有任何動能可以幫助身體撐起來完成手倒立。若是成功做出此動作，同時也表示你擁有出色卓越的體能狀態。

這是體操評分規則中的C級技巧。

吊環直臂直體手倒立—— 16 級

肩胛位置：先由肩胛骨下壓並維持或稍微向前伸展開始，接著身體前傾，當身體向上撐起，肩胛骨從向前伸展轉為中立，且從下壓轉為上提。在最後手倒立的姿勢中，肩胛骨將會完全伸展上提。

技巧：這個動作要在吊環上完成，從撐體的姿勢開始向前微傾，且開始施加壓力在手掌上來撐起髖部。當你完成直體俄式撐體的姿勢，肩部上的力矩減少，動作也會變得比較簡單。最後結尾動作是在吊環上呈現手倒立姿勢。

吊環直臂直體手倒立（Rings Straight-Arm，Straight-Body Press to Handstand，縮寫為Rings SA SB to HS）基本上就是直臂推撐的動作。若是對於手倒立後彎及俄式撐體很熟練，就可以開始訓練這個動作了。這是一項難度較高的技巧，一開始可能會需要一點動能才能成功，隨著肌力的增長，再漸漸減少動能的使用。

這個動作也可以由反向訓練，從手倒立動作開始，此外，若是真的沒有辦法很確實地完成動作，在開始動作前還能在吊環上稍微晃動來幫助訓練。雖然會想要將身體拱起，但是在整個過程中一定要記得保持身體挺直。

這是體操評分規則中的C級技巧。

吊環直臂直體俄式撐體手倒立—— 16 級

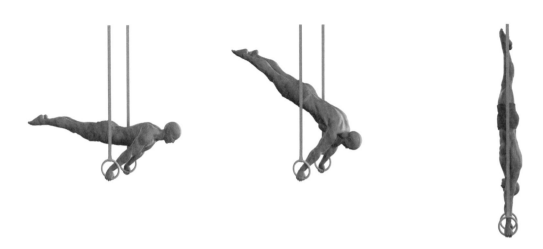

肩胛位置：肩胛骨向前伸展下壓，避免後背拱起。接著身體前傾，當身體向上撐起，肩胛骨從向前伸展轉為中立，且從下壓轉為上提。在最後手倒立的姿勢中，肩胛骨將會完全伸展上提。

技巧：這個動作是要在吊環上完成的，從俄式撐體的姿勢開始，向前微傾，且開始施加壓力在手掌上來撐起髖部。當你完成手倒立的姿勢，肩部上的力矩減少，動作也會變得比較簡單。結尾動作為在吊環上的手倒立姿勢。

這裡的方法和技巧都和之前的兩個項目是一樣的，不同的地方在於要在吊環上完成。應該要先從反向訓練起，再轉為正向。

這是體操評分規則中的C級技巧。

吊環俄式撐體——進度表第 3 頁，第 2 行

　　吊環俄式撐體的姿勢和在地板上或伏地挺身架上都一樣。唯一的不同點在於手部對於吊環控制與穩定度的適應，可想而知，這是最困難的部分。這也是為什麼在體操評分中，在吊環上做出的動作都會比在地板上或雙槓上做出的動作難上一級。在吊環上訓練這些動作所獲得的肌力是非常驚人的，轉為在地板或伏地挺身架上訓練時都會有很大的助益。

吊環蛙立—4 級

　　肩胛位置：肩胛骨向前伸展下壓，避免後背拱起。

　　技巧：雙手緊抓吊環，手臂微彎、身體前傾，慢慢將其中一隻腳的膝蓋抬起，靠在微彎的手肘旁，而後另一隻腳重複動作。當你能成功地保持平衡，再試著將身體前傾，使肩部與髖部達到水平等高。

　　將吊環定位到平行位置，你不會希望吊環向旁邊轉動，因為還需要用手肘當成腿部的支撐點。就目前的動作來說，其實跟在地板上或伏地挺身架上做出的蛙立是相同的。

　　剛開始動作的時候，吊環可能會非常不穩定或晃動，關於這一點，就需要對於吊環外轉（RTO）輔助訓練及吊環伏地挺身有相當的熟練度才能穩定。這兩個動作將有助於你學習如何穩定吊環。

吊環直臂蛙立── 5 級

肩胛位置：肩胛骨向前伸展下壓，避免後背拱起。

技巧：雙手緊抓吊環，手臂微彎、身體前傾，慢慢將其中一隻腳的膝蓋抬到手肘上方，而後另一隻腳重複動作，就像上一個動作一樣。然而，這次沒有手肘可以當支撐點，也就是說，這個動作需要更大量的肩部肌力。

當你開始做吊環直臂蛙立，可能會需要稍微彎曲手臂（如上圖）。剛開始手臂微彎是可以被允許的，畢竟要做出這個動作需要相當程度的平衡。儘管如此，一旦手臂伸直後，這個動作就與肩部肌力較有關了。手臂打直是非常重要的關鍵，對於往後更進階的動作所需的肌肉量有很大的提升效果，一直到手肘能夠做到完全不彎曲時，才能進展到下一階段的動作。

吊環直臂蛙立當中，要將吊環定位到平行位置，你不會希望吊環向旁邊轉動，因為還需要用手肘當成腿部的支撐點。就目前的動作來說，其實跟在地板上或伏地挺身架上做出的蛙立是相同的。

吊環團身俄式撐體—— 6 級

肩胛位置：肩胛骨向前伸展下壓，避免後背拱起。

技巧：這個動作是要在吊環上完成的，從支撐的姿勢開始，身體前傾，將腳部所承受之身體重量轉移，且身體繼續前傾，抬起髖部至與肩同高，此時膝蓋位置應盡可能地與胸部緊靠，腳掌則是貼緊髖部。

不同的方式在於：與其將吊環像伏地挺身架一樣擺於平行位置，將吊環稍微向外轉動到平行位置45度角會更易於控制。教練可能更喜歡將角度定在平行位置45－90度之間，但除非你想專攻體操，否則這並不是必要的動作要求。

最主要會遇到的困難，是維持髖部與肩同高和手臂打直的部分，而這些問題都有可能存在於接下來要講述的吊環俄式撐體項目裡。

吊環進階團身俄式撐體—— 8級

肩胛位置：肩胛骨向前伸展下壓，避免後背拱起。

技巧：這個動作是要在吊環上完成的，從支撐的姿勢開始，身體前傾，將腳部所承受之身體重量轉移，且身體繼續前傾，抬起髖部至與肩同高。接著將背部伸展至水平，其間保持髖部與肩部一致等高與地板平行，但腿部呈90度彎曲（髖部與軀幹一致）。

吊環應該要向外轉至少45度，除了這點之外的步驟，都和在地板上或伏地挺身架上的動作相同。

當手臂和肩部挺直時，身體會前傾，緊握吊環，身體的重量便會轉移至手掌上。再由團身的動作起始，將背部打直持續達到進階團身的姿勢。

如何打直背部很可能會是困擾你很久的問題，但透過直臂手倒立的訓練，關於背部的控制也能越來越得心應手。不論是俄式撐體或直臂手倒立都是直臂運動中增加肩部肌力的增效作用項目。以上2種動作訓練，對於促進核心肌力與身體動作的控制都大有幫助。

將背部伸展打直可能會讓身體再稍微前傾，因而增加了肩部上的力矩，也使整體動作難度提升。若是在伸展背部的同時，腳部往下垂落，你很有可能是遇到了以下兩者問題之一：第一，身體前傾的角度不夠，只需要再將身體前傾一點，即可解決腳部下垂的問題；抑或是第二，身體的肌力還不足以支撐你做這個動作，要再回頭訓練前一階段，直到準備好進入下一階段的實力。

吊環分腿俄式撐體—— 10 級

肩胛位置：肩胛骨向前伸展下壓，避免後背拱起。

技巧：這個動作是要在吊環上完成的，從支撐的姿勢開始，身體前傾，將腳部所承受之身體重量轉移，且身體繼續前傾，抬起髖部至與肩同高。確保髖部與腿部至腳趾一致等高伸直與地板平行，接著將雙腿分開，盡可能地伸展開來。

此外，吊環的角度應向外轉至45度角以上，剩下的步驟都與在地板上或伏地挺身架上進行的分腿俄式撐體相同。到現在為止，訓練過手倒立、腹部壓縮動作，以及後槓桿與前槓桿的進程，分腿的動作應該已經很熟練了，如果還不熟悉分腿的動作，先把分腿練好再來嘗試分腿俄式撐體，會是較正確的做法。

吊環分腿俄式撐體有兩個方法可以完成。第一，由支撐位置起始，身體前傾至分腿俄式撐體姿勢。第二，由團身俄式撐體開始，接著再伸展腿部。你也可以從地板或接近吊環高度的墊子位置起始，類似於地板和伏地挺身架的進程。只要身體的姿勢正確，任何起始方式都是可以的。

避免屈臂及髖部位置過高！使用攝影機、鏡子或請輔助員來評估及修正動作。

這是體操評分規則中的B級技巧。

吊環半直體／單腳伸展俄式撐體—— 12 級

肩胛位置：肩胛骨向前伸展下壓，避免後背拱起。

技巧：這個動作是要在吊環上完成的。從支撐的姿勢開始，身體前傾，將腳部所承受之身體重量轉移，且身體繼續前傾。抬起髖部至與肩同高，接著做出半直體的動作，讓膝蓋與腿部呈現彎曲，且從髖部、膝蓋到腿部，三者呈一直線，但要將膝蓋彎曲呈90度。其實單腳及半直體姿勢中，身體的姿勢都同樣需要挺直，只是讓其中一條腿呈現彎曲，有點類似進階團身的姿勢，但若你較習慣以單腳及半直體姿勢操作，亦是另一種選擇。

當你達到現在的程度時，可能會想要將吊環的角度向外些微旋轉，才能訓練到肱二頭肌與上半身的張力，同時也能鍛鍊穩定度。剩下的步驟都與在地板上或伏地挺身架進行的半直體與單腳姿勢相同。雖然以半直體的方式能夠較快速地轉換成直體俄式撐體的姿勢，但還是要選擇最適合自己的方式來訓練，保持正確的姿勢動作且馬上改正錯誤。

吊環直體俄式撐體—— 14 級

肩胛位置：肩胛骨向前伸展下壓，避免後背拱起。

技巧：這個動作是要在吊環上完成的，從支撐的姿勢開始，身體前傾，將腳部所承受之身體重量轉移，且身體繼續前傾，抬起髖部至與肩同高。接著，確認肩部、髖部、膝蓋與腳踝都呈一直線的狀態，便是成功地做出吊環直體俄式撐體了。

國際體操總會（FIG Gymnastics）A－G評分量表中，吊環直體俄式撐體屬於C級技巧。雖然G級才是最高分，不過一旦成功地做出C級技巧，代表你的肌力已達到很可觀的程度。換句話說，在雙槓上做出的俄式撐體及十字懸垂都只有B級的評分。如果你已經達到這樣的水準，可能不再需要本書了。

俄式撐體伏地挺身──雙槓與地板──進度表第 3 頁，第 3 欄

俄式撐體伏地挺身是幫助增強俄式撐體所需肌力的輔助訓練，在俄式撐體當中，你需要能夠掌握自己身體的狀態，可以自在做出俄式撐體的姿勢，或在俄式撐體最終的姿勢中支撐停留。即使沒有在最後的姿勢中停留，整個運動過程也是一種很棒的增強體魄的訓練。一般而言，這些伏地挺身變化的訓練通常會落後等長收縮運動一個階段。

關於俄式撐體伏地挺身（各種變化）有3個常見的錯誤：

1. 開始運動但沒有注意自己的身體狀況是很常發生的，很容易忘記自己的位置。髖部的落下或上提都會讓身體重心靠向手臂，這將減少肩部的槓桿作用，使很多姿勢變得易於呈現。身體會很自然地做出這樣的動作，來彌補肌力不足的問題，但這應是需要避免的。輔助員能夠提醒你身體的位置過高或過低，或是可以用攝影機將整套動作錄下來，才能夠迅速地改正錯誤。

2. 最難的部分是要將手肘固定在最高點，並且停留在這姿勢。如先前所述，即使是手臂輕微的彎曲都會讓等長收縮運動變得非常容易，也就是說，直臂直挺是最困難的部分。很常在影片中看到做俄式撐體伏地挺身的人並沒有將他們的手臂打直，這對於整體肌力的訓練來說是致命的錯誤。這種錯誤不只會在訓練中不斷被加深，更會因為從一開始因不熟練動作而彎屈手臂，影響往後訓練過程。請將手臂打直，你會獲得超越以往的肌力發展。

3. 與肩胛骨有關。當訓練者開始訓練用手掌來支撐全身的重量時，他們很容易就會鬆懈，而沒有注意到肩胛骨的部分。舉例來說，當你看到一個訓練者嘗試做出俄式撐體，卻容許自己的肩胛骨放鬆且往背部突出時，就該心生警惕。在任何時候都應該要專注於如何才能將手部盡可能地推離身體。而這個動作會使肩胛骨穩定在肋骨上，增加了與肋骨的同步性，從而建立更全面與穩定的肩帶，對於肩部發力與技巧的穩定都有很大的幫助。若是覺得將肩胛骨固定在肋骨上有困難，可以在日常訓練時加強肩部的伏地挺身，多多鍛鍊這個動作最常用到的前鋸肌。

要將這些常見的錯誤牢記，才能在訓練的時候避免犯錯，做出真正確實的動作。

團身俄式撐體伏地挺身—— 6 級

肩胛位置：肩胛骨向前完全伸展下壓，避免後背拱起。向前伸展的肩部會在向下運動的過程中縮回，至最底部會完全縮起，當再次撐起身體回到原始動作，肩胛骨又會向前伸展，最後回到完全伸展下壓的狀態。

技巧：至此，你應該可以完整地做出團身的動作。而團身伏地挺身便是由團身的支撐姿勢開始，後背拱起且髖部與肩部同高。接著，用自己能控制的方式緩慢地放低身體，看起來就像是在做撐體的動作，手肘完全彎曲，手掌靠近膝蓋。不過最大的不同點在於——身體前傾至髖部與肩同高。當身體下降至最底部的姿勢時，可以稍微停留，接著就可以回推至最開始的直臂團身姿勢。在重複動作之前，先著重於起始的位置，在起始姿勢支撐幾秒。

你可以在地板上做出團身伏地挺身的動作，但若是你很希望可以增加自己的運動範圍，也可以在伏地挺身架、椅子或其他輔助器材上進行，這些都可以增加身體的高度，同時提升項目的難度，但也能增強肌力與肌肉的發展。若是方便的話，推薦使用伏地挺身架。

在整個過程中，保持髖部與肩部等高是最困難的一點。要維持這個姿勢必需要用手向前推進或向下動作，即使你擁有足夠的體能，也可能會不協調。一定要確實嚴格地訓練正確的姿勢，這將會對之後的項目有幫助。

進階團身俄式撐體伏地挺身—— 8 級

肩胛位置：肩胛骨向前完全伸展下壓，避免後背拱起。向前伸展的肩部會在向下運動的過程中縮回，至最底部會完全縮起。當再次撐起身體回到原始動作，肩胛骨又會向前伸展，最後回到完全伸展下壓的狀態。

技巧：進階團身伏地挺身要將背部伸展至水平，保持髖部與肩部一致等高與地板平行，佀髖部與腿部呈90度彎曲。接著，用自己能控制的方式緩慢地放低身體，看起來就像是在做撐體的動作，手肘完全彎曲，手掌靠近膝蓋。不過最大的不同點在於——身體前傾至髖部與肩同高。當身體下降於最底部時，如果對自己有要求的話可以稍作停留，接著就可以進行回推至最開始的直臂團身姿勢。在重複動作之前，先在起始姿勢支撐幾秒，著重於開始的位置。

能夠完整做出像樣的分腿俄式撐體後，才能到達此階段。訓練這些動作之時均要謹慎穩定，不要只想著快速地進入下一階級。穩固地做好一個動作，比起過於冒然的進階，但做出的動作卻是搖搖晃晃且肩部與髖部的角度時常不穩定來得好多了。

分腿俄式撐體伏地挺身—— 10 級

肩胛位置：肩胛骨向前完全伸展下壓，避免後背拱起。向前伸展的肩部會在向下運動的過程中縮回，至最底部會完全縮起。當再次撐起身體回到原始動作，肩胛骨又會向前伸展，最後回到完全伸展下壓的狀態。

技巧：分腿俄式撐體需將身體打直且雙腿分開，確保髖部與腿部至腳趾一致等高伸直，接著將雙腿分開，盡可能地伸展開來。接著，用自己能控制的方式緩慢地放低身體，看起來就像是在做撐體的動作，手肘完全彎曲，手掌靠近膝蓋。不過身體要前傾至髖部與肩同高。一旦當身體下降於最底部的姿勢時，如果對自己有要求的話可以稍作停留，接著就可以進行回推至最開始的直臂團身姿勢。在重複動作之前，先在起始姿勢支撐幾秒，著重於開始的位置。

　　維持髖部高度是分腿俄式撐體伏地挺身最困難的一點，特別是在動作的最高及最低處。專注在維持身體繃緊的狀態才能增加肌肉張力，避免不確實的動作產生。記住得保持身體打直，後彎或拱起都是不可以的。

半直體／單腳俄式撐體伏地挺身—— 12 級

　　肩胛位置：肩胛骨向前完全伸展下壓，避免後背拱起。向前伸展的肩部會在向下運動的過程中縮回，至最底部會完全縮起。當再次撐起身體回到原始動作，肩胛骨又會向前伸展，最後回到完全伸展下壓的狀態。

　　技巧：在半直體的姿勢中，膝蓋與腿部同步動作，肩部、髖部、膝蓋到腿部均呈一直線，膝蓋彎曲呈90度。單腳俄式撐體的姿勢也一樣是身體打直，但其中一條腿彎曲，有點類似進階團身的姿勢。選擇要用單腳俄式撐體或半直體俄式撐體的方法，接著用自己能控制的方式緩慢地放低身體。跟撐體的動作很相似，手肘完全彎曲，手掌靠近膝蓋，不過身體要前傾至髖部與肩同高。一旦當身體下降於最底部的姿勢時，如果對自己有要求的話可以稍作停留，接著就可以進行回推至最開始的直臂團身姿勢。在重複動作之前，先在起始姿勢支撐幾秒，來著重於起始的位置。

　　若是要在地板上動作，單腳俄式撐體的姿勢會阻礙俄式撐體伏地挺身的進行，這時候就要用半直體的姿勢來做出這個介於分腿與直體俄式撐體間的動作。

直體俄式撐體伏地挺身── 14 級

肩胛位置：肩胛骨向前完全伸展下壓，避免後背拱起。向前伸展的肩部會在向下運動的過程中縮回，至最底部會完全縮起，當再次撐起身體回到原始動作，肩胛骨又會向前伸展，最後回到完全伸展下壓的狀態。

技巧：要做出直體俄式撐體，身體與地板平行，從肩部、髖部、腿部及身體軀幹均呈一直線，接著用自己能控制的方式緩慢地放低身體。看起來就像是在做撐體的動作，手肘完全彎曲，手掌靠近膝蓋，不過身體要前傾至髖部與肩同高。一旦當身體下降於最底部的姿勢時，如果對自己有要求的話可以稍作停留，接著就可以進行回推至最開始的直臂團身姿勢。在重複動作之前，先在起始姿勢支撐幾秒，著重於開始的位置。

直體俄式撐體伏地挺身是極高級的動作。像是體前槓桿划船，很難去真正地獲得最大關節活動範圍。隨著這些項目的訓練變化，在做動作時可能也只能移動6到8寸。然而，若是持續地進行訓練，就可以將目標放在更大範圍的移動來鍛鍊肌力。

吊環俄式撐體伏地挺身——進度表第 3 頁，第 4 欄

　　吊環俄式撐體極度困難，但如果你可以鍛鍊出足夠的肌力，對訓練是極為有益的。若是你已經達到了進階團身與分腿俄式撐體的階段，那你的程度已超出本書。所有的項目都與前一階段相同，但都是在吊環上進行。記住以下內容：

- 在過程中，保持吊環至少在90度。
- 在過程中，保持髖部（和任何其他身體部位）與肩部同高。
- 重複動作時，把手肘完全固定在等長的位置上。
- 盡可能保持吊環的穩定狀態。

吊環團身俄式撐體伏地挺身—— 8 級

吊環進階團身俄式撐體伏地挺身—— 10 級

吊環分腿俄式撐體伏地挺身—— 12 級

吊環半直體／單腳俄式撐體伏地挺身—— 14 級

吊環直體俄式撐體伏地挺身—— 16 級

伏地挺身──進度表第 3 頁，第 5 欄

標準伏地挺身 ── 1 級

肩胛位置：運動開始時，肩胛骨會完全向前伸展下壓。在下壓的過程中，肩胛骨會自然地縮回，最後他們會幾乎完全縮回。當你回到最開始的動作時，肩部又會完全向前伸展下壓。

技巧：很多文章曾寫過有關標準伏地挺身的正確技巧，以下都是基礎的動作。你應該能夠相當快速地進階到更困難的項目。

這裡有幾個讓你的伏地挺身更完美的關鍵：

- 繃緊臀肌和腹部，維持身體直挺或些微彎曲，全身都必需同時接觸到地板。
- 當你做這個動作時，手肘不能外開。將手臂外開至離身體呈90度是不正確的方式，也很有可能導致肩部受傷。在一些較進階的動作中可能會需要手肘外開，但在真正高級的動作中沒有手肘外開的存在，因為長期下來會很危險。正確的姿勢是分別將手肘收攏在身體兩側，以不超過45度為限。
- 不要縮短動作範圍，對所有動作都是一樣，這並不是一場速度競賽。伏地挺身是向下做肌肉離心收縮，至胸部輕觸地板，接著向上做有力的肌肉向心收縮，並將手肘打直。

伏地挺身有時候會造成背部的疼痛。若是你在過程中將背部拱起，比起鍛鍊腹肌，更會活化到腰部的肌肉（幫助髖部中立）。腰部的肌肉群主要源自腰椎。因此，若是你讓身體拱起並且腰肌拉動到下半部的背，在做任何型態的伏地挺身時都可能造成疼痛。

如果一開始訓練太困難的話，可以透過分腿或移動膝蓋來降低難度。也可以將手掌靠在階梯或其他提高的平面上來傾靠身體。

一旦可以重複15至20組循環，就可以進入到下一個更困難的階段了。

鑽石伏地挺身 ── 2 級

肩胛位置：運動開始時，肩胛骨會完全向前伸展下壓。在下壓的過程中，肩胛骨會自然地縮回，最後他們會幾乎完全地縮回。當你回到最開始的動作時，肩部又會完全向前伸展下壓。

技巧：鑽石伏地挺身比起標準伏地挺身又更困難了一點。縮小的手掌間距也提高了伏地挺身的難度，最後食指和姆指會在中間形成一個鑽石的形狀。在此過程中，將胸部放低至兩手之間，再回到原本的起始位置。倚靠肱三頭肌運動，用鼻子觸碰自己用兩手食指與拇指做出來的鑽石圖案。

由於手肘與肩部上的力矩增加，這種窄距的伏地挺身在肱三頭肌和胸部上施加了很大的壓力。如果關節，特別是在運動的過程中開始疼痛，那就要小心一點了，這很有可能就是運動過度的警告。如果是這種情況，從這些訓練中好好休息幾天，才能讓身體在回歸訓練之前完全地恢復，你不會希望在越來越困難的訓練當中還夾雜著讓人不得安寧的疼痛吧。

吊環寬握挺身 ── 3 級

肩胛位置：運動開始時，肩胛骨會完全向前伸展下壓。在下壓的過程中，肩胛骨會自然地縮回，最後他們會幾乎完全地縮回。當你回到最開始的動作時，肩部又會完全向前伸展下壓。

技巧：吊環寬握挺身需要兩個手肘互相協調配合，隨著身體動作的降低，雙手間的距離也慢慢增加，到底部後，接著手臂再發力下壓，讓雙手互相靠近，回到初始位置。

這種挺身著重在胸部，且對於未來的訓練至關重要。若是一下跳太多階，胸肌群可能會遭受劇烈的疼痛，甚至對身體造成傷害，像是肋軟骨發炎或關節紅腫症狀。即使能力足以完成這些動作，還是要先將這些列入暖身的範圍裡，來確保結締組織有達到平常的狀態比較明智。若是在關節處感覺到任何類型的疼痛或不穩定，請跳過這個階段。

要注意的是，平常挺身的起始動作是手肘向內收攏，但是吊環寬握挺身卻是要讓手肘張開至90度。將手肘角度越拉越寬是進階動作常見的方式，但是最好還是從手肘靠攏身體的動作開始，肩部也比較安全。若是將手肘角度拉寬會讓你感到困擾的話，請略過這個步驟。

吊環挺身 —— 4 級

肩胛位置：運動開始時，肩胛骨會完全向前伸展下壓。在下壓的過程中，肩胛骨會自然地縮回，最後他們會幾乎完全地縮回。當你回到最開始的動作時，肩部又會完全向前伸展下壓。

技巧：吊環挺身就跟標準挺身一樣，但卻是在吊環上進行。在進行動作時，手和腳的高度必需要一致，因此吊環的高度也必需要放低至靠近地板。或是將腳部抬高至箱子或輔助物品上。吊環挺身強調手肘與上半身的角度要小於30度（雖然45度內都是可接受的範圍）。這個動作大部分的重點是集中在肩部與肱三頭肌的肌力發展。接下來的動作就都像是標準挺身一樣了。

對於所有這些挺身的動作，要確保都達到關節的完整活動範圍。許多人的挺身動作都不確實，不完全下壓又不完全撐起身體是很常見的狀況。雖然這可能會讓你覺得自己已經做了很多組重複的動作，卻跟你想鍛鍊肌肉的目標背道而馳了。由於徒手肌力訓練能讓肌肉在不同的姿勢下做動作，最重要的一點是要達到關節的完整活動度。這可比在吊環上訓練重要多了。

對於所有的挺身，身體下壓到達最底部時，手部必需碰觸到身體；在撐起的動作時，手臂一定要打直；並且始終保持正確姿勢。

吊環外轉挺身 —— 5 級

肩胛位置：運動開始時，肩胛骨會完全向前伸展下壓。在下壓的過程中，肩胛骨會自然地縮回，最後他們會幾乎完全地縮回。當你回到最開始的動作時，肩部又會完全向前伸展下壓。

技巧：要做出吊環外轉挺身的手掌至少要與平行位置呈45度角，而最理想的角度是與平行位置呈90度角。當你第一次嘗試將吊環向外轉時，身體可能會很難穩定下來，但要堅持不懈地訓練直到成功。接下來就只是單純的標準挺身而已。當手部與軀幹水平等高，便是處於下壓的最終動作，接著將身體推回原位且確保手臂打直，完成撐起的上推姿勢。

吊環外轉挺身（Rings-Turned-Out Pushups，縮寫為RTO PU）伸展胸肌但減少了肩部的槓桿作用，而胸肌對於吊環外轉挺身來說有穩定作用，而穩定度降低了，也就意味著要做出這動作的肌力需求更高了。在這個姿勢下，肱二頭肌因自身被拉長而相對較弱，沒辦法幫上忙。所有吊環外轉的動作都是如此，吊環外轉最終會讓你對於這個動作的控制力更佳。

即使你要做挺身的支撐動作已經穩定了，但當身體下壓時仍會感到不穩定。要維持吊環外轉，且盡可能地保持穩定，透過訓練會越來越簡單，也能從中強身健體。

吊環外轉拉弓挺身 —— 6 級

肩胛位置：運動開始時，肩胛骨會完全向前伸展下壓。在下壓的過程中，肩胛骨會自然地縮回，最後他們會幾乎完全地縮回。當你回到最開始的動作時，肩部又會完全向前伸展下壓。

技巧：拉弓挺身跟標準挺身很相似，只是其中一隻手臂要保持在打直的狀態。選一隻直臂直挺，接著在挺身的支撐動作下將吊環外轉。進入動作，當達到最底部時，直挺的那隻手臂應是向外伸展的。接下來用彎曲的那隻手臂發力，支撐身體回到原位，也可以使用直臂來輔助，但在整個過程中，那隻手臂均要維持打直的狀態。一旦完成了這組動作，就可以換手，繼續完成整套運動了。

在做吊環外轉拉弓挺身（Rings-Turned-Out Archer Pushups，縮寫為RTO Archer PU）時，若是沒有辦法立即將手臂完全伸直是可以接受的，但要獲得吊環外轉拉弓挺身完整的效果，就要慢慢地努力，訓練手臂打直，這可以幫助增加個別手臂的肌力。

你可以在不同的手臂上增加重量，將主要動作偏向直臂或彎曲的手臂上，從而產生不同的效果。若是偏向於直臂，會鍛鍊到較多的是胸肌與肩部；若是偏向於彎曲的手臂，則是訓練到肱三頭肌與肩部。專注於改善自己的缺點，而不是偏袒自己當前的優勢。

吊環外轉 40 度傾斜偽俄式撐體挺身 —— 7 級

肩胛位置：運動開始時，肩胛骨會完全向前伸展下壓。在下壓的過程中，肩胛骨會自然地縮回，最後他們會幾乎完全地縮回。當你回到最開始的動作時，肩部又會完全向前伸展下壓。

技巧：從起始狀態開始，身體前傾，肩部至手掌的連線與一垂直地板穿過手掌之假想線呈40度角。吊環需要維持外轉的狀態。接著，放低身體到底部（手掌應靠在腰部旁邊），不允許吊環轉動。在底部位置停頓一下，再完全將手臂下壓，撐起身體至40度向前的位置並挺直。接著在進行下一個循環之前，在支撐位置停留數秒。

吊環外轉（RTO）40度傾斜偽俄式撐體挺身簡稱RTO 40 Deg PPPU。偽俄挺身和馬爾他挺身變化都很著重使用身體前傾（俄式撐體姿勢）來降低槓桿作用。與現在流行的觀點相反，這個動作需要運動中的所有肌肉組織都有巨大的肌力，而不僅僅是特定的肌肉群。

身體必需要保持直挺或稍微後彎，髖部直指向下。但當腳抬升至與肩同高時，在任何類型的偽俄挺身都會相對比較困難，卻也更有效。若是你有能力做到的話，就去做吧。

對所有俄式撐體的動作來說，最難的部分就是最後的活動範圍。必需在動作的高點和低點維持有質量的停頓，以便有效地發展做這些動作所需的肌力。運動的過程中，要確保吊環外轉，且身體保持直挺。

吊環外轉 60 度傾斜偽俄式撐體挺身 —— 8 級

肩胛位置：運動開始時，肩胛骨會完全向前伸展下壓。在下壓的過程中，肩胛骨會自然地縮回，最後他們會幾乎完全地縮回。當你回到最開始的動作時，肩部又會完全向前伸展下壓。

技巧：從起始狀態開始，身體前傾，呈60度角（夾角的位置在前一個動作有完整的解釋）。接著放低身體（手掌應靠在腰部旁邊），吊環狀態記得保持外轉。在底部位置停頓一下，再完全將手臂下壓，撐起身體至60度向前的位置並挺直。進行下一個循環之前，在支撐位置停留一下。

這個動作簡稱為RTO 60 Deg PPPU。除了有些身體的重量還是靠腳來支撐，60度的前傾非常接近真正的俄式撐體位置。透過定期進行這項訓練，即便沒有特定的俄式撐體等長動作，也可以在地板或雙槓上完成分腿俄式撐體。它會需要應用持續數月甚至數年一貫技巧的訓練。運動的過程中，要確保吊環外轉，且身體保持直挺。

吊環外轉馬爾他挺身 —— 9 級

肩胛位置：運動開始時，肩胛骨會完全向前伸展下壓。在下壓的過程中，肩胛骨會自然地縮回，最後他們會幾乎完全地縮回。當你回到最開始的動作時，肩部又會完全向前伸展下壓。

技巧：起始位置吊環外轉，接著身體降低，直至手部位置與軀幹同高，屈臂的程度越小越好。當你在放低身體的過程中，手臂向外伸展，將吊環向外滑離身體約1呎寬，在手臂與身體之間作做出30至45度角。

這個動作可以簡稱RTO Maltese PU。若是肌力還不夠，你不得不屈臂來避免摔倒。隨著你慢慢熟練這個動作，就不需要再像以前那樣彎曲手臂。從最底部回推撐起身體時，回到手臂離身體半寬的俄式撐體姿勢。

在做馬爾他挺身時，手臂向外伸展，將吊環向外滑動，在腋下與身體之間做出30至45度角。這個動作會減少胸肌與三角肌群的槓桿作用，讓動作變得更困難。接著身體前傾，過程中吊環均要保持在外轉的狀態，且身體維持直挺。

倚牆偽俄式撐體伏地挺身 —— 10 級

肩胛位置：運動開始時，肩胛骨會完全向前伸展下壓。在下壓的過程中，肩胛骨會自然地縮回，最後他們會幾乎完全地縮回。當你回到最開始的動作時，肩部又會完全向前伸展下壓。

技巧：起始動作為正確的俄式撐體姿勢（身體打直，與肩同高），只是腳部貼靠在牆面上，身體前傾超過手掌。主要的支撐肌力應該要來自手掌，接著身體放低，開始做伏地挺身。放低身體靠近地板，但不要真的碰到地板，同時讓腳掌貼著牆面向下滑動。回推之前在底部的動作停頓一下，若是將腳部以滑動的方式回推回原始動作太困難，也可以緩慢在牆上碎步移動，到達原本的高度。

倚牆偽俄式撐體伏地挺身（Wall Planche Pushups，縮寫為Wall PPPU）在網路上有很多種變化，其中有一些做的是對的。首先，讓我們介紹一下正確的步驟。如果背部完全拱起或髖部下降，這個運動的有效性會降低多達30%（取決於背部的拱起程度）。若目標是想要鍛鍊肌力，除非你有把握可以做出最正確的姿勢，否則不建議做這個項目。堅持做之前可以正確進行的項目會比較有助益。

在做倚牆偽俄式撐體伏地挺身時，應該要著重在減少腳部的支撐與牆壁的輔助。特別是當你變得更強壯時，你可能會想要換一下鞋子種類或減少牆壁阻力（如果可以的話）。例如，如果牆壁特別有黏性，你可以買一些光滑的塑膠或油氈瓷磚來讓牆面更光滑。同樣地，你也可以從自身的腳部著手，在換鞋、赤腳、穿上襪子或其他質地較滑的布料之間交替著切換來增加難度。

吊環倚牆偽俄式撐體挺身 —— 11 級

肩胛位置：運動開始時，肩胛骨會完全向前伸展下壓。在下壓的過程中，肩胛骨會自然地縮回，最後他們會幾乎完全地縮回。當你回到最開始的動作時，肩部又會完全向前伸展下壓。

技巧：這個動作要搭配靠近牆面的吊環來進行，才能夠讓腳掌貼緊牆面，輔助你做出俄式撐體姿勢。接著將吊環外轉並穩定吊環，保持正確的姿勢來進行倚牆偽俄式撐體伏地挺身。

吊環在倚牆偽俄伏地挺身（Wall Pseudo Planche Pushups，縮寫為R Wall PPPU）之中加入了大量的不穩定性。擁有能做出俄式撐體能力者才能夠正確地進行這個項目。過程中吊環均要保持在外轉的狀態，且身體維持直挺。不過在第一次學習這個項目時，可以先將吊環維持平行，像上面的第一張圖。如果你沒有辦法架設一對靠近牆面的吊環，建議你就跳過這個階段和第13級階段（吊環倚牆馬爾他挺身）。

在做吊環倚牆偽俄式撐體挺身時，應該要著重在減少腳部的支撐與牆壁的輔助。特別是當你變得更強壯時，你可能會想要換一下鞋子種類或減少牆壁阻力（如果可以的話）。例如說，如果牆壁摩擦力很大，你就可以買一些光滑的塑膠或油氈瓷磚來讓牆面更光滑。同樣地，你也可以從自身的腳部著手，在換鞋、赤腳、穿上襪子或其他質地較滑的布料之間交替著切換來增加難度。

倚牆馬爾他伏地挺身 —— 12 級

肩胛位置：運動開始時，肩胛骨會完全向前伸展下壓。在下壓的過程中，肩胛骨會自然地縮回，最後他們會幾乎完全地縮回。當你回到最開始的動作時，肩部又會完全向前伸展下壓。

技巧：倚牆馬爾他伏地挺身是將手掌由輔助的俄式撐體姿勢向外放置，在腋下作做一個30至45度的角。接著，放低身體，貼近地板（但不要真的碰到），再回推至原本的姿勢。在運動的過程中，一定要記得保持身體挺直，會有點難度，因為身體處於劣勢的位置。

在做倚牆馬爾他伏地挺身時，應該要著重在減少腳部的支撐與牆壁的輔助。特別是當你變得更強壯時，可以換一下鞋子種類或減少牆壁阻力（如果可以的話）來增加動作的難度。例如說，在換鞋、赤腳、穿上襪子或其他質地較滑的布料之間交替著切換，又或是買一些光滑的塑膠或油氈瓷磚來讓牆面更光滑。

吊環倚牆馬爾他挺身 —— 13 級

肩胛位置：運動開始時，肩胛骨會完全向前伸展下壓。在下壓的過程中，肩胛骨會自然地縮回，最後他們會幾乎完全地縮回。當你回到最開始的動作時，肩部又會完全向前伸展下壓。

技巧：吊環倚牆馬爾他伏地挺身結合且建立在前兩項動作上。首先移動手掌的位置，在腋下做出30至45度角。保持吊環外轉，身體打直且平行地板，腳掌緊貼牆面。接著彎曲手臂，靠近地板但不要真的碰到，再回推回至原本的姿勢。進行下一個循環之前，在動作的最低點和最高點都停留一下。

做吊環倚牆馬爾他伏地挺身時，應該要著重在減少腳部的支撐與牆壁的輔助。特別是當你變得更強壯時，可以換一下鞋子種類或減少牆壁阻力（如果可以的話）來增加動作的難度。例如說，在換鞋、赤腳、穿上襪子或其他質地較滑的布料之間交替著切換，又或是買一些光滑的塑膠或油氈瓷磚來讓牆面更光滑。

拍掌伏地挺身變化——不適用級數

接下來是一些伏地挺身的變化，若是有興趣的話可以嘗試看看。

箱子（或階梯）拍掌伏地挺身

地板拍掌伏地挺身

拍胸伏地挺身

拍腹伏地挺身

背後拍掌伏地挺身

簡單的變化像是身前拍掌，沒有在圖中展現，但比起拍胸或拍腹都來得容易許多。

這些動作並沒有像之前整個伏地挺身的進階訓練來得有用，尤其是在吊環上的訓練。但在鍛鍊肌力與增加肌肉量方面是很有效的。其中有一套很多人都想學會的動作，是三重拍掌伏地挺身的變化：

先做伏地挺身，接著1）在身前拍掌，2）在身後拍掌，3）再回到身前拍掌，而這些動作要在回到支撐身體至地板之前完成。

俐落地完成這個三重拍掌伏地挺身變化，所以這可能比第10到第12階級還要困難。如果這是目標，你可以選擇對不同的順序變化進行安排，來逐步訓練三重拍掌伏地挺身變化。建立自己階段性的訓練會是你學會了多少的一個很好指標。

單臂伏地挺身──進度表第 3 頁，第 6 欄

高手單臂伏地挺身 ── 5 級

肩胛位置：運動開始時，肩胛骨會完全向前伸展下壓。在下壓的過程中，肩胛骨會自然地縮回，最後他們會幾乎完全地縮回。當你回到最開始的動作時，肩部又會完全向前伸展下壓。

技巧：將一隻手臂屈臂，身體放低下壓，直到胸膛快碰觸到抬高的輔助物品。在做這個動作的時候，屈臂的角度大約是45度角，接著再回推到單臂支撐的姿勢。

高手單臂伏地挺身（Hands-Elevated, One-Arm Pushup，縮寫為Elevated OA PU）可以透過手部支撐輔助物品的高度變化來增減難度。這個項目的關鍵包含了維持身體直挺及轉移身體重量至單隻手臂。可以採用分腿的姿勢來增加穩定性。

如果手肘外開得太多，增加了肩部的力矩，這個動作會更困難。不過增加旋轉力矩可以鍛鍊核心的肌力。同樣地，若手肘過於靠近身體，會對肱三頭肌和肩部施加很大的壓力，而提升動作的難度。

除了手臂的角度，手腕和手肘承受的力矩也是在訓練這個動作時可能會面臨到的問題。如果

手腕上的力矩會讓你感到不適，試著轉動一下手腕的角度來找到最佳的姿勢。如果是手肘上的力矩會造成問題，不是肩部角度太超過，就是手肘的肌力還不夠。若是後者，可用增加輔助物品的高度來解決。

如果你是這個階段的初學者，建議從身體離地45度角開始。再慢慢地降低攔阻物的高度至到達地板，此時你將進入下一階段。隨著進步，每次減少10到15度角。

一定要維持核心繃緊與深呼吸，在身體放低的同時擠壓腹部、腰部、髖屈肌、臀肌和股四頭肌。專注肩部在整個運動過程中所發出的肌力，保持其他部位不動。除此之外，如要能做出這個動作，最大的影響因素還是個人肌力的問題。

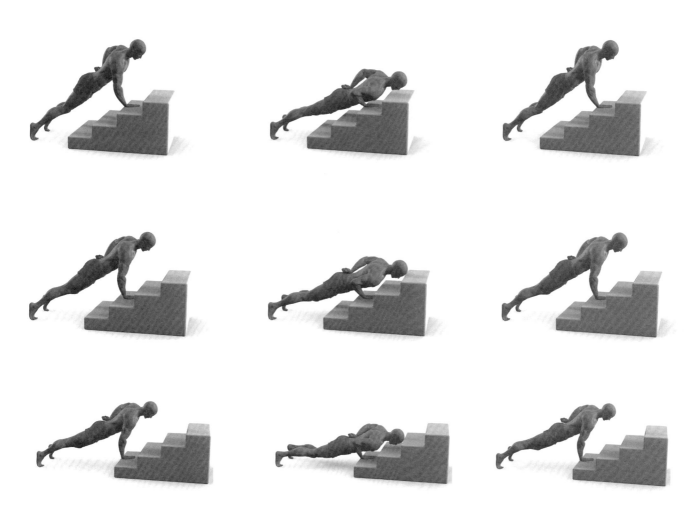

另一種方式是利用階梯來慢慢往下訓練單臂伏地挺身，如上圖所示。

分腿單臂伏地挺身 —— 6 級

肩胛位置：運動開始時，肩胛骨會完全向前伸展下壓。在下壓的過程中，肩胛骨會自然地縮回，最後他們會幾乎完全地縮回。當你回到最開始的動作時，肩部又會完全向前伸展下壓。

技巧：分腿單臂伏地挺身是在地板上進行。身體放低下壓，直到胸腔快碰觸到地板再回推至原本的姿勢。剛開始可以將雙腿盡可能地分開來讓動作較容易進行，但在進步之後就要逐漸地將腿收攏至標準位置。

當你在進行分腿單臂伏地挺身（Straddle One-Arm Pashup，縮寫為Straddle OA PU）時，手肘和腋下呈45度角（或更小），才能保護肩部，並且避免關節產生過度的力矩。就跟前一階段一樣，核心的繃緊是整個動作的關鍵，剩下的挑戰都跟肌力有關。

你在運動的過程中可能會感受到一些力矩，會輕微地扭轉身體。壓力就會落在你正在運動的手臂上及相對的腿上。盡可能地抵抗這種壓力，因為肌力會使骨盆扭曲而讓整個動作看起來很鬆散。

接受最大壓力的那隻腳應該會是跟你正在做伏地挺身的手臂相對的那隻腳，雖然這是正常的事，但還是要努力平衡壓力。

吊環分腿單臂挺身 —— 7 級

肩胛位置：運動開始時，肩胛骨會完全向前伸展下壓。在下壓的過程中，肩胛骨會自然地縮回，最後他們會幾乎完全地縮回。當你回到最開始的動作時，肩部又會完全向前伸展下壓。

技巧：首先，將吊環放置離地板2至4寸的地方，或是將腳部抬高至吊環的高度（前者安全性較高）。從分腿伏地挺身的姿勢開始，身體放低下降，直至胸部達到吊環的底部，手臂下壓回推至初始位置。

在吊環分腿單臂挺身（Straddle One-Arm Pushup，縮寫為Rings Straddle OA PU）當中，吊環這個元素為單純的分腿單臂伏地挺身加進了一點不穩定性，卻不會將難度提升得太高。因為吊環的任何一側移位都會提升整個動作的難度，因此必需要將手肘的角度維持在45度之內，這也是吊環分腿單臂挺身與其他分腿單臂伏地挺身唯一的不同點，要盡可能地讓手臂靠攏身體。

這是直體單臂伏地挺身的良好引導，因為沒有側向的支撐力能夠幫助身體平衡，並且動作亦要求手臂盡量靠攏身體。這項運動將會極大地改善肱三頭肌及肩部的肌力。

直體單臂伏地挺身 —— 8 級

肩胛位置：運動開始時，肩胛骨會完全向前伸展下壓。在下壓的過程中，肩胛骨會自然地縮回，最後他們會幾乎完全地縮回。當你回到最開始的動作時，肩部又會完全向前伸展下壓。

技巧：跟前一個動作一樣，除了要將腳併攏，手肘向身體和胸部收攏，且核心保持繃緊的狀態。從直體單臂伏地挺身的姿勢開始，身體放低降至胸部輕觸地板再回推至原始位置。

直體單臂伏地挺身（Straight-Body，One-Arm Pushup，縮寫為Straight-Body OA PU）是很少人能夠掌握的項目。這個項目需要非常良好的平衡感，以及肩帶和手肘上驚人的肌力。

平衡是最難掌握的一點：最好的建議是，身體朝正在做伏地挺身的那隻手臂傾斜，並學習如何在身體放低下降時將重量由一側轉移到另一側。在身體上撐與下降的過程中都需要一點小更正，在能夠真正有效進行這個動作之前，可能需要一點訓練才能維持平衡感。

吊環直體單臂挺身 —— 9 級

肩胛位置：運動開始時，肩胛骨會完全向前伸展下壓。在下壓的過程中，肩胛骨會自然地縮回，最後他們會幾乎完全地縮回。當你回到最開始的動作時，肩部又會完全向前伸展下壓。

技巧：首先將吊環放置離地板2至4寸的地方，或將腳部抬高至吊環的高度（前者安全性較高）。從直體單臂伏地挺身的姿勢開始，身體放低下沉至胸部輕觸地板再回推至原始位置。

在吊環直體單臂挺身（Straight-Body，One-Arm Pushup，簡稱為Rings SB OA PU）當中，加入吊環是個令人印象深刻的創舉，需要很強壯的上半身與核心肌群。就像是前面兩個階段一樣，必需要將核心牢牢地繃緊。身體放低下降時將手彎曲，接著手臂用力下壓回推並維持身體的牢靠。剛開始學習這個動作可以將身體稍微往吊環的繫帶靠，但長遠來看要避免這種做法。

在這個動作中，吊環的不穩定性及只用單臂產生扭力，會使核心肌群受到爆炸般的刺激，就跟吊環分腿單臂挺身一樣。若是身體開始旋轉的話，試著將旋轉程度控制在最小，才能讓這個動作簡單一點。

恭喜你已經掌握了單臂伏地挺身！從現在開始，你可以在運動的過程中增加重量，將項目變得更有挑戰性，接著再繼續努力訓練。

撐體──進度表第 3 頁，第 7 欄

　　基本的雙槓撐體進程很短，且大部分的動作都適合初學者。除了前傾之外，還有一些較困難的變化，但本書只有收錄單臂撐體。（吊環訓練比較偏向於鍛鍊撐體需要的肌力。）

　　吊環為一般撐體增加了非常好的強度。此外，吊環上的動作能夠幫助你掌握許多其他類型的動作，像是俄式撐體。將撐體從雙槓改成吊環，或是負重撐體，這些都很有助益。

雙槓跳躍撐體 ── 1 級

　　肩胛位置：肩胛骨下壓並且保持中立，當你將身體下放，保持肩胛骨凹陷的狀態。當運動至最底部，你才有機會能夠讓肩胛骨放鬆或上提，不論是哪種方式，在上撐之前，肩胛骨必需再次下壓。

　　技巧：你可以將一個輔助的方塊放置在低處，才能在運動至最低處時蹲跳或用腿部來輔助。無論選擇何種方式，由撐起身體的姿勢開始，緩慢地下放身體，接著再用腳輔助，跳回原本的撐體位置。試著用手掌及肱三頭肌來回復初始姿勢，腿部的輔助越少越好。

　　確保你有達到完整的關節活動範圍，由肩部下壓（不是聳肩）的起始動作，身體慢慢下放，在柔軟度的最大限度之下，手部與腋下越近越好。接著用腿來輔助回撐身體至初始位置。

　　胸部與闊背肌會感到緊繃與被伸展開，這屬正常現象。在感到不適的時候可以用腳來輔助，緩和伸展，但是試著將身體沉到最底部來幫助肩部放鬆。這樣關節活動的能力之後能增強肌肉發展，所以從現在開始進行鍛鍊就顯得很重要。若是你正感到疼痛且有加劇的現象，先停止訓練，然後參

考一下「常見的運動傷害」章節中肋軟骨炎的部分。專注於改善肩部的可活動性，往後的訓練才不會再感到疼痛。

或是，你可以在健身房使用Gravitron機器來幫助你做出不須輔助的向心收縮撐體。這同時適用在這個階段與下一個階段。

雙槓驟降撐體—— 2 級

肩胛位置：肩胛骨下壓並保持中立，當你將身體下放，保持肩胛骨是凹陷的狀態。當運動至最底部，你才有機會能夠讓肩胛骨放鬆或上提，不論是哪種方式，在上撐之前，肩胛骨必需再次下壓。

技巧：由支撐的姿勢開始，慢慢下放身體至撐體的姿勢。

雙槓離心收縮撐體只涉及這個運動負擔的部分，從最高處移動至最低處（手掌在腋下旁邊）。目標是每組循環花6至8秒的時間來完成（逐步發展至7到10秒），2到3次循環算一組，做2至3組完整的動作。撐體是需要給自己足夠完整時間達到控制肌肉離心動作的收縮，以達到肌肉刺激所需徵召的肌力與數量。

這個動作的關鍵就是要均速地下放身體。如果在前面的部分下降得太慢的話，會浪費掉太多能量，過於快速且不正確地完成最後的部分。現在以均速來修正，之後將會得到好處。若是你正感到疼痛且有加劇的現象，先停止訓練，專注於改善肩部的活動度，才能在往後的訓練中不再感到疼痛。

或是，你可以在健身房使用Gravitron機器來幫助你做出不須輔助的向心收縮撐體。這同時適用在這個階段與下一個階段。

撐體 —— 3 級

肩胛位置：肩胛骨下壓並保持中立，當你將身體下放，保持肩胛骨是凹陷的狀態。當運動至最底部，你才有機會能夠讓肩胛骨放鬆或上提，不論是哪種方式，在上撐之前，肩胛骨必需再次下壓。一旦你可以做到不放鬆肩胛骨而進行5至10次完整的撐體，代表你有足夠的肌力鍛鍊肌肉，但可能需要花一點時間來掌握這項技術。

技巧：由支撐姿勢開始，慢慢下放身體至撐體的姿勢。手臂和肱三頭肌發力下壓，以提升回到起始的位置。

撐體是體操肌力與體能主要的元素之一。這個動作跟前一階段很相像，只是下肢沒有任何的輔助。當你在做這個動作的時候，保持身體挺直，核心肌群繃緊，肩帶下壓。接著將身體放低至手掌靠到腋下旁邊（或是當前的彈性限制），再回推至初始位置。

頭部的位置並不重要，但不要在身體下沉的時候試著彎曲或伸長頭頸，這很有可能導致後頸與頭部的緊繃與疼痛。

L 型坐姿撐體 —— 4 級

肩胛位置：肩胛骨下壓並保持中立，當你將身體放低下沉，保持肩胛骨是凹陷的狀態。當運動至最底部，你才有機會能夠讓肩胛骨放鬆或上提，不論是哪種方式，在上撐之前，肩胛骨必需再次下壓。

技巧：從L型撐體姿勢開始，慢慢將身體下放至L型坐姿撐體姿勢。接著手掌與肱三頭肌發力下壓，將身體回推到原本的L型撐體姿勢。在整個運動過程中，腿都不能夠放下，而手肘微向外開。

L型坐姿撐體透過將身體的質量中心向後推4至6寸，來減少肱三頭肌與肩部的槓桿作用，就像是L型撐體的引體向上。這也會讓L型坐姿撐體更困難，因為當三頭肌與肩部的張力增加，就會產生力學的劣勢，如此將有更進一步的挑戰。

L型坐姿撐體的姿勢中，讓腿部與地板保持平行是很重要的一件事。同樣重要的事情是，讓身體盡最大可能地下沉，如此才能獲得這個動作帶來的益處。當你達到這個階段時，也會讓你平穩地鍛鍊肌肉。由於平衡的關係，當你開始訓練之後，活動範圍很可能就會被侷限。隨著你持續不斷地訓練而變得更強壯，這就會得到解決了。

45 度前傾撐體—— 5 級

肩胛位置：肩胛骨下壓並保持中立，當你將身體放低下沉，保持肩胛骨是下壓的狀態。當運動至最底部，你才有機會能夠讓肩胛骨放鬆或上提，不論是哪種方式，在上撐之前，肩胛骨必需再次下壓。

技巧：由支撐的姿勢開始，接著身體前傾至呈45度角。身體放低下沉，一樣要維持45度角直到最底部的動作，再用手掌與肩部的肌力將身體推回初始姿勢。

在下沉的過程中，身體前傾，配合俄式撐體的一些動作變化是增加基本動作難度的一種方法。這些動作變化需要更多的控制力，為訓練者帶來進步的責任。這個方式是增加撐體難度的眾多方式中較推薦的一種。

在運動過程中確保身體是否打直或處在微後彎的位置，是你的責任。身體拱起是正常現象，但是必需要控制避免，因為將身體拱起會降低動作的難度。

- 由標準垂直撐體的姿勢開始，將身體前傾來進行撐體。在整個過程中，前傾的角度會慢慢增加，直至到達底部時，角度已達45度。接著再回推至初始位置。
- 由45度前傾的姿勢開始，且過程中均保持此角度。

如果你選擇第二種方式，最困難的是從底部要回推至初始位置的部分，也要記得避免身體不自覺地拱起。

單臂撐體—— 8 － 9 級

面對牆面

平行牆面

將身體軀幹在牆的上方彎曲可以降低動作的難度。

肩胛位置：肩胛骨下壓並保持中立，當你將身體放低下沉，保持肩胛骨是凹陷的狀態。在運動的過程中，肩胛骨會正常地回縮，這是沒有關係的。當你到最底部之後，上撐的過程中，肩胛骨便會自然地回到中間的位置。

技巧：單臂撐體有2種不同的變化，並且有一種方法能提升兩者的難度。這些動作要在牆上完成，用來撐腿保持平衡。如果可以的話，也可以使用單個橫槓，但這將會大大地提高動作的難度。在單臂屈臂撐體的過程中，上撐與下降都要保持身體直挺。將手臂貼近身體才能減少關節和旋轉力的力矩。核心肌群與雙腿也必需要維持緊繃。

- 第一種單臂撐體的變化是面向牆壁。通常是手指向前，將手放在身體的中間位置。
- 第二種單臂撐體的變化是與牆面平行，將身體的一側貼靠在牆面。在這個姿勢下，手掌與身體正對的方向相同，為了保持平衡，手臂可能會有點傾斜。

就像是單臂引體向上或單臂伏地挺身，這類動作對於評估單邊肌力的平衡很有用處。這同時也需要良好的核心穩定性。再者，看自己能做到什麼程度的動作也很有趣。

這個動作可以單純地將身體向上或向下彎曲來降低難度，減少了腿部的活動，從而也減輕了手臂承受的重量。此外，因為牆壁會產生一點摩擦力，腿部也可以用來些微移動。你最終會希望排除任何形式的輔助，只用一隻手臂與直挺的身體來完成這些動作。

如果你像上面的圖一樣彎曲或扭轉身體，可以讓動作的難度降至如第6或第7級。這可以當作是逐漸進步到可以完成完整動作的一種方式，也是在沒有負重背心、重量帶、伏地挺身架或其他設備時鍛鍊肌力的方法。

吊環撐體──進度表第 3 頁，第 8 欄

吊環撐體對於強化上半身的肌肉很重要。像是其他的階段，亦須保持身體後彎並抵抗想傾斜拱起的衝動，而這類型撐體動作的正確性需要交給訓練者做判斷。

吊環撐體 ── 1 級

肩胛位置：肩胛骨下壓並保持中立。一不小心就會將肩胛骨向前縮起，讓胸腔內凹的動作姿勢要小心避免。

技巧：手臂打直撐起身體，肩帶下壓（肩部遠離耳朵）。若你是個初學者，專注於將吊環貼緊身體兩側來穩定姿勢會讓動作簡單一點。如果你執行這個動作有困難，先在雙槓或伏地挺身架上訓練後再移到吊環。

目標便是將吊環維持稍離身體的位置。你可以將手心朝前，讓吊環外轉來增加難度。

要確保自己記得呼吸。在增加難度之前，試著將每次撐體都維持30秒。專心地保持正確的姿勢，在未來會有很大的幫助。這個動作對於初學者來說是很好的暖身動作。

吊環外轉撐體 —— 2 級

肩胛位置：肩胛骨下壓並保持中立。一不小心就會將肩胛骨向前縮起，會讓胸腔內凹的動作姿勢要小心避免。

技巧：手臂打直撐起身體，慢慢將手轉為手心朝前。

在絕大多數的吊環動作中，都是手掌朝內來開始動作的。所以還是希望做動作練習都是能夠以前臂與手掌朝向身體，讓吊環互相平行的姿勢來進行動作。一旦你熟練之後，就可以將手掌轉為手心朝前。吊環外轉（RTO）的範圍由0到90度：

- 0度，吊環相互平行，手掌掌心朝向自己。
- 90度，吊環與身體呈一直線，手掌掌心筆直地朝前。

吊環外轉的姿勢對於進步到高級的肌力運動是很必要的，即使最初不會覺得外轉的姿勢能夠幫助培養更多的平衡和穩定性，但最終會發現這種姿勢帶來的益處。

吊環外轉有助於強化手肘與肩部的結締組織，並為肱二頭肌提供直臂肌力的刺激。這將會在未來進展到更高級的動作時發揮更大的作用。

吊環外轉的重要觀念就是手心朝前，這個動作讓手肘旋轉面對前方，也將肩部轉至朝外的方向。手肘朝前在生理學上是最穩定的姿勢。透過轉動手掌，肱骨在肩盂肱骨關節中的中心，使旋轉肩袖肌處於穩定關節的良好位置。

吊環驟降撐體 —— 3 級

肩胛位置：肩胛骨下壓並保持中立。一不小心就會呈現肩胛骨向前縮起，胸腔內凹的姿勢，要小心避免。當身體放低下沉，保持肩胛骨下壓且中立直到到達底部。到達底部之後，就可以放鬆肩胛骨並讓肩胛骨升高。

技巧：手臂打直撐起身體，慢慢下放身體至撐體的姿勢。

吊環驟降撐體跟雙槓上的動作一樣。目標是每組循環花6至8秒的時間來完成，2到3次循環算一組，做2至3組完整的動作。

這個動作的關鍵就是要均速地下放身體，這是個很常見的錯誤。特別是如果在前面的部分下降得太慢的話，會浪費掉太多能量，過於快速且不正確地完成最後的部分。

將吊環下壓貼緊身體兩側就可以穩定吊環，防止晃動，尤其是在身體下沉的階段。上撐身體時手臂會試圖遠離身體，記得把手臂緊貼在身體兩側。

如果你遇到困難，可能會需要額外的支撐訓練。先將撐體訓練提升至60秒為1個循環，再來訓練吊環外轉的姿勢。

吊環撐體 ── 4 級

　　肩胛位置：肩胛骨下壓並保持中立。一不小心就會呈現將肩胛骨向前縮起，讓胸腔內凹的姿勢，要小心避免。當身體放低下沉，保持肩胛骨下壓且中立直到到達底部。到達底部之後，就可以放鬆肩胛骨並讓肩胛骨升高。

　　技巧：從吊環外轉（至少平行）撐體來開始動作。當身體下沉時，如果想要的話可將手掌轉回朝內。出於穩定目的，手掌必需緊靠身體。在最底部稍作停留，再回推至初始位置。

　　吊環的不穩定性提供了比在雙槓上進行動作時所需更多的強度與肌力。在這個階段，你不需要將吊環外轉來進行吊環撐體。盡可能快速地以吊環外轉的方式進行撐體，但整個運動過程不必一直保持吊環外轉。

　　這個動作的關鍵是保持雙手貼緊身體兩側，並以手掌為基礎來驅動肌力。藉由擠壓胸部和闊背肌收縮動作，有助於讓雙手緊緊地貼住身體兩側。

吊環 L 型撐體 —— 5 級

肩胛位置：肩胛骨下壓並保持中立。一不小心就會呈現肩胛骨向前縮起，胸腔內凹的姿勢，要小心避免。當身體放低下沉，保持肩胛骨下壓且中立直到到達底部。到達底部之後，就可以放鬆肩胛骨並讓肩胛骨升高。

技巧：從L型撐體姿勢開始（吊環外轉或相互平行）。慢慢將身體下放且腿部保持與地板平行。將身體盡可能地下沉再回撐。記得在整個運動過程中，將吊環緊靠在身體兩側，在最底部稍停留再回推至初始位置。

在吊環L型撐體撐體中，像是在雙槓上的變化，當吊環在身體前方時，專注發展肱三頭肌的肌力與穩定性。這種肌力對於將雙手維持在身前的未來階段很有用，像L十字與槓前桿進程的動作。

腿部彎曲是很常見的錯誤，在整個運動過程中，腿部應該要保持在90度，甚至更高的角度。這個錯誤最常發生在要將身體上撐的過程中。你可能會想要把手放在身體前方來抵消腿部下墜的肌力。

吊環寬握撐體 —— 6 級

肩胛位置：肩胛骨下壓並保持中立。一不小心就會呈現將肩胛骨向前縮起，胸腔內凹的姿勢，要小心避免。當身體放低下沉，保持肩胛骨下壓且中立直到到達底部。到達底部之後，就可以放鬆肩胛骨並讓肩胛骨升高。

技巧：吊環寬握撐體有2種變化：

* 一種變化是由吊環外轉的姿勢開始。接著讓手臂拉寬，同時讓手掌轉為朝向後方，反向動作回到吊環外轉撐體。這種變化讓肩部做內旋轉動作，並且在闊背肌和胸部上施加了更多壓力。這對於讓肩部準備好進行更高級的動作（像是十字懸垂）很有用。

* 另一種變化是單純地將吊環推離身體6至12寸，並且在撐體時維持這個姿勢。就像其他的變化一樣，這個動作對肩部來說有點難度，但穩定性會提高。

採用其中一個（或都採用），但是需要知道，這只是透過動作變化增進能力的方式。

吊環外轉 45 度平行撐體 ── 7 級

吊環外轉 75 度平行撐體 ── 8 級

吊環外轉 90 度平行撐體 ── 9 級

肩胛位置：肩胛骨下壓並保持中立。一不小心就會呈現將肩胛骨向前縮起，胸腔內凹的姿勢，要小心避免。當身體放低下沉，保持肩胛骨下壓且中立直到到達底部。到達底部之後，就可以放鬆肩胛骨並讓肩胛骨升高，接著在上撐的過程中再次下壓肩胛骨。

技巧：從吊環外轉的支撐姿勢開始，用自己能控制的方式緩慢地放低身體，同時保持身體的直挺，且手腕不能彎曲。接著再回推至吊環外轉的撐體姿勢。整個運動過程中要記得保持吊環處在外轉狀態。

這些項目分別簡稱為RTO 45 Deg Dips、RTO 75 Deg Dips及RTO 90 Deg Dips。吊環外轉的角度越大，動作的難度也就越高。如前所述，將吊環外轉會減少吊環本身的穩定度，迫使你透過肌肉的協調作用來穩定吊環。在整個運動過程中，一旦將吊環外轉，就不應該再將吊環轉回原來位置。上圖是演示最後一個階段，整個運動過程中將吊環外轉90度的樣子。

這個動作與其他撐體的動作相同，不要忘記將雙手貼緊身體兩側！多專心在控制吊環的穩定，而不是撐體的動作的話，會讓這個項目簡單一點。當吊環外轉到這個程度，尤其是在向心收縮的階段，在動作的最底部和最高點，你必需要努力讓吊環維持外轉而不是轉回原本的位置，將前臂朝前方固定來維持吊環的穩定。

你可能已經注意到了，許多吊環外轉的動作不僅僅是對你用來穩定的身體部位（在這個項目中是胸部和闊背肌）產生負擔，這些動作也徹底地鍛鍊手臂，像是肱二頭肌和肌腱的部分。這也是為什麼要將吊環外轉撐體放在訓練中的原因。撐體難度的提高可以讓手肘為更高難度的吊環動作做好準備，像是十字或單臂引體向上。

吊環外轉 90 度＋前傾 30 度撐體 —— 10 級

吊環外轉 90 度＋前傾 50 度撐體 —— 11 級

吊環外轉 90 度＋前傾 65 度撐體 —— 12 級

吊環外轉 90 度＋前傾 75 度撐體 —— 13 級

吊環外轉 90 度＋前傾 82 度撐體 —— 14 級

吊環外轉 90 度＋前傾 86 度撐體 —— 15 級

吊環外轉 90 度＋前傾 88 度撐體 —— 16 級

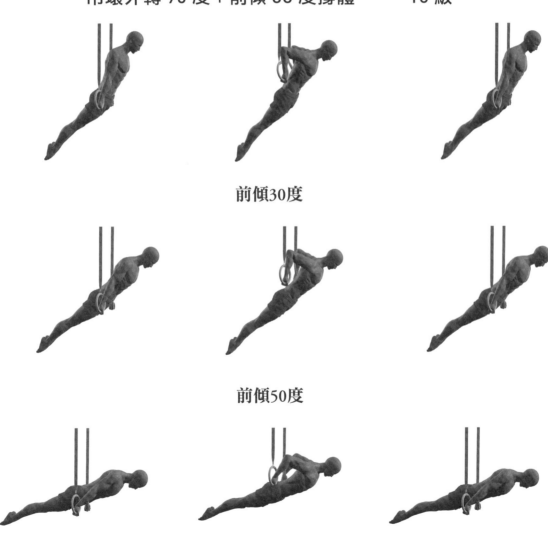

前傾30度

前傾50度

前傾75度

肩胛位置：肩胛骨下壓並保持中立。一不小心就會呈現將肩胛骨向前縮起，胸腔內凹的姿勢，要小心避免。當身體放低下沉，保持肩胛骨下壓且中立直到到達底部。到達底部之後，就可以放鬆肩胛骨並讓肩胛骨升高，接著在上撐的過程中再次下壓肩胛骨。

技巧：從吊環外轉撐體的姿勢開始，前傾至正確的角度並用自己能控制的方式緩慢地放低身體至撐體的底部位置。保持身體的直挺且手腕不能彎曲。接著再維持前傾姿勢上撐回初始位置，在整個運動過程中均要保持吊環外轉。

這些項目分別簡稱為RTO 90＋30 Dips、RTO 90＋50 Dips、RTO 90＋65 Dips及RTO 90＋75 Dips。身體前傾會受控在之前吊環外轉撐體所建立的結締組織強度。向前傾斜會將壓力施加在前面的肌肉群上。雖然整體的關節活動範圍減少，力矩卻會增加。吊環外轉前傾撐體就像是將俄挺伏地挺身與前傾的馬爾他伏地挺身混合而成的項目。混合運動項目是為了獲得更卓越的動作而發展出進階的技能。

維持身體直挺或微微後彎。身體，特別是腹部會很想要拱起，但這會讓動作變得非常容易，所以都要避免。

這個動作前傾的部分（開頭和結尾的部分且手臂打直）非常重要。儘管有些教練不喜歡將前傾和撐體做結合，只要保持正確的姿勢，該組合也能夠建立良好的控制效果來做出其他動作。如果你正在訓練馬爾他伏地挺身，試著支撐2秒鐘。

隨著肌力進步，每個階段可獲得的角度將會減小（類似十字）。肌力強度處在第8階段　卻可以前傾45度並維持幾秒鐘的人並不少。這可能會給你一種錯覺，認為自己已經接近馬爾他伏地挺身階段。事實上，由於力矩的增加和肌肉槓桿作用的減弱，距離到達馬爾他伏地挺身的路途可能還很遙遠。

馬爾他撐體 —— 17 級

許多體操運動員都會利用前傾的動作來訓練馬爾他撐體，就算沒有撐體，只有前傾的部分也是可以達到的。同樣地，你也可以只訓練俄式撐體衝肩來鍛鍊俄式撐體。在這裡將撐體與前傾做結合的目的，便是可以同時訓練到屈臂與直臂2種肌力，就像是偽俄式撐體伏地挺身。可以隨意地選擇單練前傾或跟撐體一起訓練，學習馬爾他伏地挺身動作。

負重撐體——進度表第 3 頁，第 9 欄

　　負重撐體通常都被稱為是「上半身的蹲舉」，因為他們使用大量的肌肉組織。這個動作可以在雙槓或吊環上進行。吊環負重撐體比起在雙槓上進行要來得困難許多。然而，一旦開始負荷自己體重的2倍重量做撐體時，在吊環上進行反而比較容易。雖然吊環傾向被向外拉開，但是物理學決定了吊環會在身體增加大量重量時保持不動的狀態。當吊環向外拉開時，同時間也向上移動了。因此，地心引力、體重及身上負重正好抵消了手部施加在吊環上的朝外的力，這有助於進一步地穩定吊環。

　　負重撐體是很容易被測量的，這也是為什麼在訓練中特別有用。雖然負重撐體對手倒立伏地挺身沒什麼太大的助益，但對俄式撐體的動作技能卻可以有很好的轉換。這應該是預料之中的事，因為負重撐體延展了肩部關節的活動範圍，對俄式撐體彎曲的部分很有幫助。然而像是手倒立及手倒立伏地挺身等動作，因為動作不需要完全將肩部伸展開，所以不太可能對撐體動作帶來幫助。

　　由於額外參與肌肉組織的影響，負重撐體通常會比負重引體向上要難上1－2個階段。此外，肱三頭肌也會比肱二頭肌要來得結實強壯。當你到達第9級時，應該要可以負重體重的2倍重量做撐體，而這跟你在第9級會做的其他項目一致。分腿俄挺是第8級的項目，而半直體俄式撐體及單腿俄式撐體則是第9級，可以參考看看。

CHAPTER 27

多面動作、核心與腿部訓練
MULTI-PLANE EXERCISES, CORE, AND LEGS

硬拉與反硬拉──進度表第 4 頁，第 1 欄

硬拉對初學者而言是非常重要的基礎動作，硬拉不僅能讓你上吊環，也能藉由引體向上及臂屈伸在關節活動範圍鍛鍊肌力。一旦你掌握動作要領，將可由引體向上和臂屈伸動作進展到較困難的拉、推技巧及硬拉變換的等長動作。這將有助於增進你從一個姿勢轉換到下個姿勢時的肌力，以建立在肌力及體能訓練上的動作歷程及序列。當可完美做到中級硬拉動作時，就可挑戰更高難度的動作，而不用再做硬拉。

虛握姿勢

上圖顯示在吊環上的虛握姿勢，硬拉也能在單槓或雙槓上操作。虛握對剛開始學習硬拉的過程至關重要，儘管之後可能不會用到它。當腕部置於環上時，你會在轉換期提供更多的槓桿作用。除非另有說明，不然請在所有的進程使用虛握法。

虛握法是將手向上移到吊環邊上，以便彎曲手腕，使小指側壓在吊環上接著手裹著吊環或槓，盡力緊握，再開始動作。這裡有些首次做虛握法時可能會遇到的問題：

- 若腕部柔軟度不佳會增加困難度或緊張感。為改正此狀況，請額外增加腕部的伸展與活絡的準備。

- 握力不佳或無法採用虛握懸掛。為了改正這樣的情形，請額外增加暖身及緩和動作，例如手部／腕部的加強運動：手腕彎舉運動、握力器、掏米訓練。

- 輕微的姿勢錯誤，手部應該在吊環的一側稍微向上，因此在轉換期手掌會在環的正下方。多數人會將手向上放在離太遠的邊上或把手放在底部。

當你能以虛握法確實做到5次臂屈伸、5次胸觸槓引體向上的動作，就能做到硬拉。若你能做得超過這些，卻仍有硬拉的問題，有可能是虛握姿勢不正確，或有其他操作技術上的問題。

若你在訓練中腕部撕裂，則有幾種選擇：第一個是減少運動頻率，使皮膚癒合成繭——訓練時間夠長手會長出硬皮。另一種選擇是，使用護腕或在腕部附近使用運動貼紮減緩摩擦（通常這會使虛握更難）。當然可以使用訓練手套，但這會削弱握力，因此不建議使用。

至此，你應了解帶傷訓練將延長傷勢，實在是不需要使腕部或手上的皮膚破裂。請把腕部撕裂傷視為運動傷害，減少訓練。建議你先訓練不同的動作或類似的進程，當手癒合後再回頭來做硬拉。

離心硬拉 —— 3 級

肩胛位置：以肩胛骨下壓的吊環支撐姿勢開始動作，在移動至臂屈伸底部姿勢的過程，持續下壓，一旦到達，鬆開肩胛骨使他們上提，於變換動作時，再次下壓至懸垂姿勢。

技巧：從直臂支撐姿勢慢慢下降至臂屈伸姿勢的底部姿勢，務必讓吊環保持在靠近身體兩側。當達到臂屈伸姿勢的底部姿勢，在轉換期會同時發生下列事項：

- 向後傾。
- 雙手滑進環中，使腕部內側碰觸吊環底部，牢牢握住吊環（你會處於虛握姿勢）。
- 讓肘部貼近身體甚至輕觸，如同前階段的手部姿勢。
- 從那裡慢慢下降至懸垂姿勢。

做離心硬拉時（Muscle-Up Negatives，縮寫成MU Negatives），按與硬拉相反的順序確實執行。這是在肌力足夠能做出此動作前學習操作此動作的要訣。此外，學著去控制及反向操縱，可讓你更快地操作連續性硬拉動作。

擺動硬拉 —— 4 級

肩胛位置：從肩部放鬆開始，在你擺動向上時，由下壓肩胛骨啟動肩部，於進入轉換期時，用力後縮肩胛骨，當你向外推臂屈伸時，肩胛骨應該是下壓的狀態。

技巧：由輪流向前向後推動髖部和肩部的弓型人體搖椅動作開始，在最後一個弓形動作啟動引體向上，當雙手開始接近下巴時，持續拉動直到雙手觸到胸部，並從這邊開始：

* 向前傾。
* 使手臂靠近身體，把手放到腋下，接著手肘向後打直。
* 從臂屈伸的底部向外推，同時保持雙手靠近身體兩側。

擺動硬拉（Kipping Muscle-Ups，縮寫成Kipping MU）的重點是加強正確的動作模式，並透過完整的關節活動範圍增進肌力，同時使用較低強度的擺動方法。協助型的硬拉（和輔助員一起或腿部／彈力帶輔助）也可以落在這個類別，可以作為擺動硬拉的替代方法。

對多數的人而言，這是硬拉最初的入門動作。若無法做出擺動硬拉，困難極可能於變換動作時發生。此時可降低吊環，於過渡期訓練划船姿勢，或可請輔助員協助你減輕負荷，同時訓練正確做法以度過過渡期。若有滑輪系統也可用來協助降低負荷。

這個動作的困難點多半是兩處：首先，很多人拉得不夠高以致無法度過轉換期，這可以靠增加肌力來緩解，包含訓練上面提及的做法。其次，很多人在吊環上有姿勢穩定的問題，除了持續訓練支撐動作外，訓練吊環臂屈伸也很重要。必需專注於將吊環緊貼於身體兩側，以確保你在吊環上不會搖晃、掉落或脫離支撐點。

硬拉 —— 5 級

肩胛位置：開始於懸垂姿勢，與肩部一同上提。下壓肩胛骨開始動作。請持續下壓，於引體向上時使肩胛骨旋轉。於轉換期，後縮且用力上提肩胛骨到臂屈伸的底部姿勢。於此，下壓肩胛骨並向外推臂屈伸。

技巧：以虛握懸垂開始動作，從引體向上到轉換期——可以想成是划船姿勢的上半部，向前傾身，把胸部前的手放在腋下，接著向外推臂屈伸至支撐姿勢。

在此觀點上，你應該非常理解如何操作硬拉的技巧，因為精確的硬拉操作，轉換期是一個關鍵，應將重心放在肌力的訓練。若你可於吊環上做出5個引體向上（胸觸吊環）及5個臂屈伸（手達到腋下），若有正確的技術指導應可操作硬拉。若你已做到，就可做上述的「過渡－專項」訓練。

你可以把轉換期想成是划船動作。與任何有吊環的動作一樣，最好上吊環以受特訓，你集中精力在划船硬拉、輔助員輔助硬拉和滑輪輔助硬拉的訓練情況會比啞鈴划船更好，但是如果你有機會使用啞鈴或類似的負重訓練，可用單臂屈體划船搭配較輕的重量作為輔助訓練。為了使動作更有效，用來划船的手需伸到腋下以做出完整動作。

除上述進程外，另有幾種輔助訓練。首先是降低吊環，使腳於臂屈伸底部姿勢時幾乎碰到地板，因此，你可以稍微用腳協助動作，使其通過轉換期。或者，於轉換期你可以在吊環間綁一條彈力帶，用手握住，然後在彈力帶上單腳或雙腿跪下以取得協助。

這個動作曾經是A級技巧，現在已經沒有官方的評級。但在本書進度表裡仍然在A級技巧的部分，因為這個動作所需的肌力水準可以和這個層級裡其他的動作相媲美。

寬握／非虛握硬拉 ── 6 級

肩胛位置：開始於懸垂姿勢，與肩部一同上提。下壓肩胛骨開始動作。請持續下壓，接著引體向上使他們旋轉。在你進入，後縮且用力上提肩胛骨到臂屈伸的底部姿勢。由此下壓並向外推臂屈伸。

技巧：以虛握懸垂姿勢開始動作，以寬握引體向上至轉換期，可以想成是划船姿勢的上半部，接著臂屈伸向外推至支撐姿勢。

寬握硬拉仍然採用虛握方式，但是手部和肘部會慢慢離開肩部。此時，肩部槓桿作用減少，需要從肩部代償來增加作用。基本上動作做法不變，或者你也可以不使用虛握來做硬拉。

非虛握硬拉會減少腕部的槓桿作用，需要從手肘和肩部代償更多的肌力，雙手必需手動突破過渡期，以便在吊環上保持不動，這一點沒做好可能會導致不適或疼痛。

這些動作分別縮寫成Wide MU（寬握硬拉）和No FG MU（非虛握硬拉）。

精確的單槓硬拉 ── 7 級

　　肩胛位置：開始於懸垂姿勢，與肩部一同上提。下壓肩胛骨開始動作。請持續下壓，接著引體向上使他們旋轉。在你進入轉換期，後縮且用力上提肩胛骨到臂屈伸的底部姿勢。從那裡，下壓他們並且向外推臂屈伸。

　　技巧：以虛握懸垂姿勢開始動作，引體向上至胸部，手肘划船至身後，用力把胸部移動到單槓上面，將臂屈伸向外推至單槓支撐姿勢。

　　操作精確的單槓硬拉（Strict Bar Muscle-Up，縮寫成Strict Bar MU），是不包含屈伸上的動作，這使單槓硬拉更加困難。這個動作可以採用虛握方式。由於身體無法像穿過吊環一樣穿過單槓，所以身體置於單槓後，手在前方，身體向後移位會增加手的扭轉力，身體的這種向後位移會在手上產生更大的力矩，需增加肘部和肩部的肌力來抵消。

　　在這個動作使用半L型撐體訓練會很有用，因為它會推動軀幹向後到單槓後面。在頭被拉起，並且超過下巴時，壓力會不斷被施壓在手部和腕部。當胸部超過手，就向前傾，並且移動手靠近腹部做代償，此時你可以下降至L型撐體姿勢，然後進展到單槓臂屈伸的轉換期，並從那裡向外推到單槓上的支撐姿勢。

　　上面的圖沒有描繪L型撐體姿勢，但有顯示上個提到的硬拉動作。

分腿前槓桿硬拉至進階團身俄式撐體 ── 8 級

肩胛位置：開始於分腿前槓桿姿勢，此時肩胛骨下壓且在中線，請持續下壓，接著引體向上使他們旋轉。在你進入轉換期，後縮並用力上提肩胛骨直到達到臂屈伸底部姿勢，接著，下壓他們並向外推至進階團身俄式撐體姿勢，此時肩胛骨是被下壓且前突的。

技巧：以分腿前槓桿姿勢開始動作，保持直體、硬拉，接著向外推至高級團身俄式撐體姿勢。

這個動作可縮寫成SFL MU ATPL，將動作增加到硬拉，在這種情況下，前槓桿和俄式撐體增加了引體向上及硬拉臂屈伸部分的難度。雖然他們沒有直接影響過渡期，但由減少槓桿作用位置進展到過渡期，確實使身體承受重量並增進肌力。

在動作下降的部分，會從前槓桿進入轉換期，想要達到轉換期開始的那個位置，是需要提升肌力的；要從臂屈伸進入俄式撐體的轉換期也是同樣的困難。

在這個動作採用虛握方式會使轉換期較容易度過，然而，肌力若已達一定程度就不需要虛握。以穩定的分腿前槓桿姿勢開始動作，變換姿勢時，軀幹和腿部下降，開始引體向上和變換動作。此時將髖部向上推到俄式撐體的高度──鎖定手臂，每個靜態姿勢持續至少1到2秒。

L 型撐體硬拉 ── 8 級

肩胛位置：以L型直角坐姿懸垂、肩部上提的姿勢開始。下壓肩胛骨，請持續下壓，接著在L型直角坐姿時引體向上使他們旋轉。變換動作時，後縮並用力將肩胛骨上提到臂屈伸的底部姿勢。接著，下壓並向外推臂屈伸。

技巧：從L型直角坐姿懸垂開始，接著引體向上由硬拉動作進展到臂屈伸，在L型撐體姿勢結束動作，在動作過程中，雙腿保持向上呈90度。

這個動作是硬拉的變化，呈現於廣受歡迎的YouTube視頻上，是由體操運動員Andreas Aguilar所做的一套令人印象深刻的動作。

由L型直角坐姿開始，在吊環下採虛握方式，操作硬拉，同時於過程中腿部保持呈L型直角坐姿，如同其他L型直角坐姿動作的變化一樣，此動作需要很大的肌力支撐，因為在動作過程中，雙手須置於身體前4到6寸的姿勢，若不這麼做，會使雙腿從L型垂直坐姿落下，尤其是在變換動作的過渡期。

在整個動作過程中，把手放在身體前，以增加肩部的力矩。這使動作相似於直立前槓桿姿勢，事實上，此動作的難度可與完整的前槓桿相提並論。

單手直臂硬拉 —— 9 級

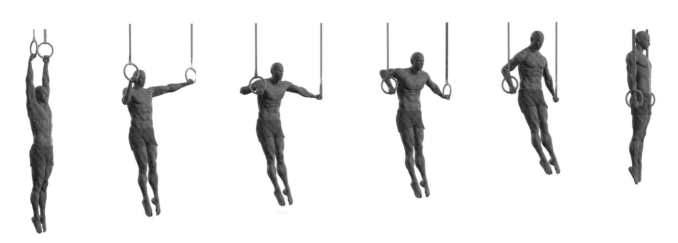

　　肩胛位置：開始於懸垂姿勢，與肩部一同上提。下壓肩胛骨開始動作，請持續下壓，讓他們為直臂與屈臂旋轉。在你進入轉換期，後縮且用力上提屈臂到臂屈伸的底部姿勢，同時保持直臂下壓。然後，再次下壓你屈臂的肩胛骨，並且向外推臂屈伸。

　　技巧：雙手皆採虛握方式開始。一隻手臂會推直，所以吊環會出現十字姿勢，同時另一隻手臂執行輔助單臂正手引體向上／反手引體向上。在單臂正手引體向上／反手引體向上超過下巴時，身體向前傾，手靠近身體，開始變換動作。在這個點上，你可能會於直臂上用力以移動另一隻正處於過渡期的手臂。只要輔助手臂依然是打直的，這是可以預料且可被接受的。於此，結合單臂臂屈伸和輔助單臂十字動作向外推，手臂交換操作。雖然你可能會發現有一邊比另一邊好，但盡量讓兩邊的肌力保持平衡。

　　單手直臂硬拉（One-Arm-Straight Muscle-Up，縮寫成OA Straight MU），完全消除了來自單臂手腕與手肘的槓桿作用，轉而依靠來自直臂肩部的肌力，和另一隻手臂的拉力。

　　這個動作的變化，引體向上和臂屈伸會分開，有時會用於增強十字懸垂支撐姿勢。如果有需要，這些變化可以用於朝向十字懸垂支撐的漸進訓練，也可以訓練單臂反手引體向上／單臂正手引體向上。這項技能是許多其他理想技能的良好組合動作，包含單臂反手引體向上和十字懸垂支撐。如果你對這些動作的漸進訓練也有興趣，強烈推薦單手直臂硬拉。

　　值得注意的是，使用直臂會為肩關節帶來大量額外的壓力。在這個訓練中，肩部可能會疲累到旋轉肌群發生拉傷。請謹慎嘗試並克服任何不適。

後迴環直體支撐 —— 10 級

肩胛位置：肩胛骨於支撐姿勢下壓，接著在臂屈伸的底部姿勢上提。開始旋轉時用力後縮並將其壓回到支撐姿勢，肩胛骨的下壓於支撐姿勢上停止，並在中線位置。

技巧：從支撐姿勢開始，控制向後滾翻。僅使用所需的槓桿作用，隨著動作逐漸熟練逐步停止槓桿作用。於第二階段上升時，彎曲手臂，用雙腳將上半身轉回吊環上。把吊環固定在髖部，手盡量向前推。這可使身體繞著手旋轉，然後回到支撐點，結束滾翻後，於支撐姿勢結束動作。

這是手倒立硬拉漸進訓練的第一個動作，需要相當大的肌力，因為唯一可獲得的槓桿作用來自剛落下時和／或控制彎屈的手臂。由於髖部會完全伸展，所以無法用髖部來協助此動作。此動作於理想的情況下完全不能用槓桿作用，這就是為何這個動作被排在第10級。快速的執行向後滾翻支撐，即使動作再完美，也比第10級簡單；若使用槓桿作用，這個動作很容易在第6或第7級做到。然而，執行這個動作不能使用槓桿作用，故需極佳的控制力及肌力。

這個動作最困難的部分是手倒立硬拉的部分，也就是第二階段的動作。進行手倒立硬拉的反方向訓練（負向訓練）會幫助你進步。例如，可以肩手倒立姿勢慢慢下降至手倒立懸垂姿勢。

這是體操評分規則中的B級技巧。

前槓桿硬拉至分腿俄式撐體 —— 11 級

肩胛位置：由前槓桿姿勢開始，此時肩胛骨是下壓並在中線位置。保持下壓，然後引體向上旋轉。在變換動作的過程中，用力後縮上提至臂屈伸底部的姿勢。再下壓，然後向外推至分腿俄式撐體姿勢，此時保持下壓和前突。

技巧：從前槓桿姿勢開始，保持身體打直，硬拉，接著向外推至分腿俄式撐體姿勢。

如前所述，在執行前槓桿硬拉到分腿俄式撐體時（Front Lever Muscle-Up to Straddle Planche，可縮寫成FL MU Str PL），由於開始和結束姿勢困難度增大，間接加深了變換動作時的難度。這個動作和分腿前槓桿硬拉進展到進階團身俄式撐體的做法完全一樣，除了後者有更多的進階姿勢。

如果需要，這個動作可以採用虛握方式，因為它會使轉換期較容易。然而，若肌力已達一定程度就不需要虛握。從前槓桿姿勢開始，變換姿勢時，雙腿與身體向下，開始引體向上，接著變換動作。於此，透過臂屈伸將髖部向上推——至俄式撐體的高度——然後向外鎖臂，每個姿勢保持靜止至少1或2秒鐘。

後迴環直體手倒立 —— 12 級

肩胛位置：肩胛骨在支撐姿勢是下壓的，接著在臂屈伸的底部姿勢上提。當你開始旋轉，用力後縮下壓旋轉。一旦進到倒立位置，用力上提肩胛骨，使手超過頭至手倒立位置。

技巧：從支撐姿勢開始，向後傾讓雙手滑動以便能虛握。當你進入手倒立懸垂姿勢，用力將雙手從肩部向前拉並將身體向上。同時以強而有力的方式把雙手拉到肩部（很像手倒立肱二頭肌彎舉），達到肩手倒立姿勢。於此，向外推至手倒立。

這是手倒立硬拉漸進訓練的第二個動作。這使後迴環直體支撐更進一步，把動作向上帶到肩手倒立並進展到手倒立。

手倒立硬拉最困難的部分是動作的第二個階段，負向進行手倒立硬拉上的訓練能幫助你進步。例如，你可以把肩手倒立姿勢慢慢下降至手倒立懸垂姿勢。你會需要強壯的肱二頭肌，才能將雙手帶到肩部，以達到肩手倒立姿勢。

這是體操評分規則中的B級技巧。

直體旋轉手倒立 —— 14 級

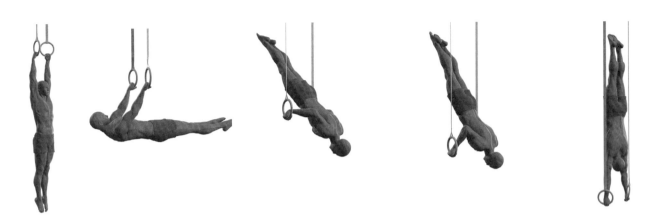

肩胛位置：從懸垂姿勢開始，此時肩胛骨上提。下壓肩胛骨開始動作，接著，在你經由前槓桿姿勢旋轉時，後縮他們。在你開始上升至肩手倒立姿勢時，用力地上提他們到手倒立姿勢。

技巧：直體旋轉後手倒立是從虛握懸垂開始，保持身體打直，拉到倒立懸垂，這和前槓桿的漸進訓練是一樣的，像是從懸垂拉到手倒立懸垂。從那裡，執行反向硬拉到肩手倒立。當雙手以彎舉動作往肩部拉，雙腳會垂直。一旦到達肩手倒立就推至手倒立。

儘管直體旋轉手倒立在體操評分規則裡被刪除，但仍然值得學習。因為它是從後迴環直體手倒立到升降姿動作自然發生的進程。這將在本章稍後討論。

顯然地，手倒立硬拉最困難的部分是這個動作的中間階段，你可以利用一些拉到手倒立懸垂的槓桿作用開始執行動作。或者，你可以運用前面提到的支撐迴環的漸進訓練，或該動作的離心運動（負向進行的運動方式），就是肩手倒立緩慢地負向進行到手倒立懸垂。

這是體操評分規則中的C級技巧。

蝶式定位 ── 15 級

肩胛位置：開始時，肩胛骨上提且鬆開。啟動肩部開始動作，同時下壓肩胛骨。他們在拉到十字懸垂期間會有點前突。在你經過十字懸垂姿勢時，保持肩胛骨下壓和中立，或是在整個途中稍微前突至支撐姿勢。

技巧：以懸垂姿勢開始，手臂打直虛握。於此，使雙手打直下拉。手置於身體前方以獲得更多槓桿作用。

在接近十字懸垂姿勢時，要保持吊環用力向下，去維持任何可能的動能和速度，若開始慢下來或停住，就會很容易卡住，此時你不太可能再有足夠的肌力完成此動作。

蝶式定位基本上就是直臂硬拉上撐。進行到這裡代表需要有極好的拉力。就像之前的動作，困難的部分是從靜止懸垂開始。如果你正掙扎於從動作的底部向外拉，先將吊環往裡面，再用力向外拉，讓手臂在拉動前有一點槓桿作用。在你開始動作時，也可以抬高雙腿進展到半L型坐姿，產生一些向上的肌力。最後，期盼在執行動作時能除去任何形式的協助。

這是體操評分規則中的C級技巧。

升／反硬拉手倒立 —— 17 級

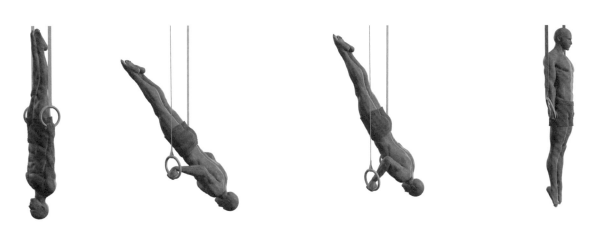

肩胛位置：肩胛骨在手倒立懸垂時下壓，在手倒立拉到肩手倒立後，使勁地上提直到手倒立。

技巧：從手倒立懸垂姿勢開始，採虛握方式，於此，執行徒手屈舉至肩手倒立姿勢，在這個階段，手外擴而非保持與肩同寬是正常的。接近肩手倒立姿勢時，雙手會向肩部靠攏，接著由肩手倒立推至手倒立。若要增加難度，請移除虛握方式。

硬拉漸進訓練的最後一個動作是「升降姿」。升降姿基本上就是手倒立硬拉後手倒立，顯然地，這個動作最困難的部分就是手倒立硬拉的部分，這需要極大的肱二頭肌肌力與肩部肌力去執行。

緩慢地負向進行這個動作，是訓練這個動作的有效方法。此外，之前提到的漸進訓練也有幫助，包含後迴環手倒立和直體旋轉手倒立，這些動作的運作方式都一樣，儘管些微的動能／槓桿作用有助於反硬拉的動作。

過去這個動作在體操評分規則中被評為D級技巧，但已經從2004年的規則裡被移除。

肘槓桿——進度表第 4 頁，第 2 欄

肘槓桿漸進訓練主要是以平衡能力為主。當需要肌力來維持姿勢時，訓練是達到這些動作最重要的要素。因此，這個動作在提高難度上和進度表裡其他的動作和肌力進程是不一致的。

雙臂肘槓桿 —— 5 級

肩胛位置：肩胛骨是下壓的且輕微地前突，不會前突到圓背。

技巧：雙手應打開放在略小於肩部的寬度，手指可以朝前或朝外，根據個人的喜好擺放手的姿勢，很多人喜歡朝外，因為能減少拉傷手腕的可能。把手肘放在腹部上——在肚臍和髂脊之間（身體一側的髖骨），接著，拉直身體向前傾身撐住。

即使肌力程度沒那麼好，雙臂肘槓桿（Two-Arm Elbow Lever，縮寫成Two-Arm EL）還是很容易能夠做到的。關鍵在於把肘和手放在正確的姿勢後學習平衡。這個俄式撐體能在地板或雙槓上操作。請注意結束姿勢要與地板完全平行。

此動作較常見的錯誤是，向前傾時忘了打開手肘。如果你在向前傾時沒有改變肘關節的角度，臉就著地了。為了找到正確的平衡點，當你向前傾時，需要將肘關節的角度打開約120度左右。這個角度可能會因人而異。

另一個常見的錯誤是身體下垂或拱起太多，你應該專注於直體姿勢。使用鏡子、攝影機或找一位輔助員對身體姿勢提供回饋是有用的。就美學的角度而言，身體拱起來會比垂下去好。

吊環雙臂肘槓桿—— 6 級

肩胛位置：肩胛骨是下壓的且輕微地前突，不會前突到圓背。

技巧：雙手應打開在略小於肩部的寬度，手指可以朝前或朝外，根據個人的喜好，朝外能減少拉傷手腕的可能。把手肘放在腹部上——在肚臍和髂脊之間（身體一側的髖骨），接著，拉直身體向前傾撐住。

吊環雙臂肘槓桿（Rings Two-Arm Elbow Lever，縮寫成Rings Two-Arm EL）是肘槓桿較困難的變化。除了吊環固有的不穩性之外，動作執行方式和在雙槓或地板上操作肘槓桿完全相同。當你操作這個動作，請確保身體在進展到結束姿勢時完全平行地板，你可以把吊環朝外轉去改善對支撐的控制。

吊環俄式撐體通常以2種不同的方式開始，第一種從L型撐體向前傾，把吊環拉進來，把手肘放在腹部上。於此向前傾進展到動作，在打開手肘時，同時打直身體，這需要多加訓練才能正確執行。

第二種方法是從肩手倒立姿勢開始，把吊環靠近身體，同時維持姿勢，接著手肘觸碰到身體，當你開始從肩手倒立的姿勢下降，可以調整手肘的姿勢。於此你所需要做的就是降低雙腿，同時保持身體打直，接著打開手臂達到吊環肘槓桿的姿勢。

單臂分腿肘槓桿——7 級

肩胛位置：肩胛骨是下壓的且輕微地前突，不會前突到圓背。

技巧：就像雙臂肘槓桿一樣，手肘在肚臍和髂脊之間緊靠腹部，從那裡向前傾，接著把身體帶到分腿直體姿勢，用手腕控制平衡，接著交換支撐的手臂訓練。雖然你可能會發現有一邊比另一邊好，但盡量讓兩邊的肌力保持平衡。

單臂分腿肘槓桿（One-Arm Straddle Elbow Lever，縮寫成OA Straddle EL）需要大量的肌力才能正確執行動作，因為這不僅是平衡動作，對平衡的手臂來說也是肌力動作。推力與拉力越強，控制動作也越容易。這是需要訓練的。如果你在動作執行上有困難，請花點時間在肌力訓練上。

這個動作手部放置的姿勢是可以改變的，你可以把手指朝前、朝旁邊或朝後放，從平衡的角度來看，最有效的手部姿勢是身體與大拇指對齊（基本上就是手朝旁邊的姿勢），嘗試去找到適合自己的方式。

因為只有一個平衡的點，動作本來就不穩定。你必需補償這種不穩定性。對初學者來說，彎曲身體趨向平衡的手，確實是能幫助平衡的一種方式，然而這種做法最後還是必需要排除掉。你必需僅使用手腕平衡身體，就像是手倒立。這使你除了分腿和直體外，可以做任何不同的姿勢，且不會引起動作的不穩定性。

若只有分腿變化，你可以打開或合上雙腿和一隻手臂來幫助平衡。但是直體變化就無法這麼做了，不建議長期依賴這種方法來平衡。請朝著直體變化發展，稍微轉動身體的一側使它遠離支撐手朝向天花板，儘管一開始很具挑戰性，但最終是很有效的。

當剛開始進入這種支撐方式，請記住上面所提到的平衡技巧。伸展手肘，使肘關節角度打開約120度，就像雙臂肘槓桿一樣。為了平衡身體，請控制前臂肌肉和手肘。為了整體的穩定性，盡可能別讓身體移動，前臂應用來維持平衡。

單臂直體肘槓桿—— 8 級

肩胛位置：肩胛骨是下壓的且輕微地前突，不會前突到圓背。

技巧：就像雙臂肘槓桿一樣，手肘在肚臍和髂脊之間緊靠腹部，從那裡向前傾，接著把身體帶到分腿直體姿勢，用手腕控制平衡，接著交換支撐的手臂訓練。雖然你可能會發現有一邊比另一邊好，但盡量讓兩邊的肌力保持平衡。

單臂直體肘槓桿（One-Arm, Straight-Body Elbow Lever，縮寫成OA Straight-Body EL）和分腿變化有著一樣的肘部和手部的姿勢。如果你已經能輕而易舉地做到這些姿勢，請務必持續訓練，以便加深及鞏固你手部和肘部放置的姿勢。交換支撐手臂訓練。儘管你可能會發現有一邊比另一邊好，但盡量讓兩邊的肌力保持平衡。

這個動作一切都關於改進平衡感，因為把雙腿放在一起撐住會增加動作難度。你需要開始傾斜／翻滾身體向上到你支撐手的15至20度角，將身體質量集中在手肘上。這應該在將雙腳從分腿變化到併腿時執行。

要做到這個姿勢需要大量的訓練，所以要堅持下去。盡量不要快速移動雙腳，因為這會讓你失去平衡，用緩慢且有控制性的方式把雙腳併在一起。改善從分腿單臂肘槓桿銜接到直腿變化的整個階段。熟練整套姿勢，將大幅提高單臂的本體感覺能力。

側桿動作──進度表第 4 頁，第 3 欄

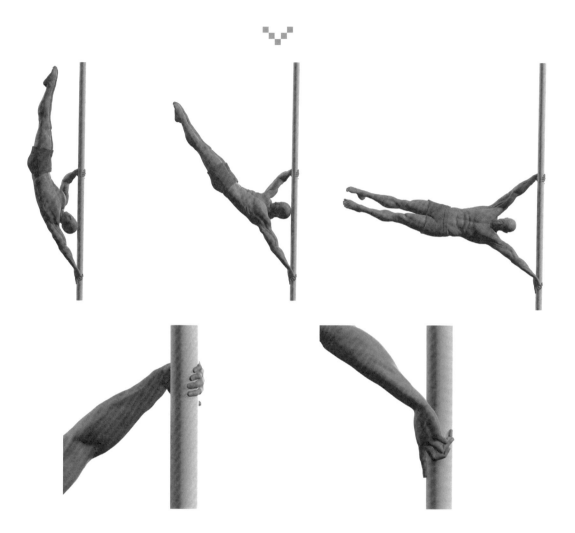

上手與下手的位置

　　側桿動作就像俄式撐體、L型撐體／V型撐體／高抬臀撐體系列動作和手倒立，是一種方便的動作，幾乎可以在任何地方操作。側桿動作只需要某種垂直的物體來抓握，例如一根桿子或一棵樹。

　　肩胛位置：下手的肩胛骨應該是中立且上提的，有些運動員會使用後縮和下壓的姿勢，這種姿勢會集中較少的力量，試著找出適合自己的方式。上手的肩胛骨通常是中立且下壓的。

　　技巧：在側桿動作裡，下手是「使勁插入」或支撐臂，盡可能將身體主動推開，很像精確的手倒立姿勢。上手是「拉」臂，主動的拉動肩部，並延伸到身體其他部位，使其保持抬高。保持你肩帶近乎豎立，那麼鎖骨就會互相縱向對齊，並垂直於地板。

肩部的位置在所有的動作間保持固定，在進展到下個進程時，唯一的改變是腿的姿勢。側桿動作是一種半對抗型動作，因為一邊肩部需要良好的推力，另一邊則需要良好的拉力。故訓練兩側肩部非常重要，否則你會發展得不平衡。

雙手應該打開比肩還寬，兩隻手臂與水平面的角度介於30到45度角之間。嘗試不同的角度，看哪個角度你能做到最好，這因人而異，所以有些人會想把手臂再握寬些或變窄點。

有2種方法可有效地訓練這動作，請根據你對器材的喜好和可獲得性，選擇最合適的方式。

- 第一種方法是，用腳跳到近乎手倒立懸垂的姿勢，用雙臂去抓握適當做側桿動作的姿勢。於此你有很多選擇，你可以做全離心收縮（全程組）以降低整個動作直到地板，然後再跳回最高的姿勢，並重複動作。或者，你也可以做半程組，在控制下以離心收縮盡可能降低，然後拉回到手倒立姿勢。你也可以找個輔助員來輔助你，或使用滑輪系統來獲得一些支撐，以便以更完美的動作角度執行動作。

- 第二種方法是使用漸進訓練——很像後槓桿、前槓桿和俄式撐體。先用團身執行動作，再晉升到進階團身、分腿、半直體或單腿屈，和直體側桿動作姿勢。肌肉的等長收縮訓練能全面地幫助你學習正確姿勢，達到你想嘗試的動作，請隨著時間增加你的訓練量，你會從這些姿勢裡進步。

這些支撐姿勢可能會有的問題是身體很容易旋轉或轉動，感覺很像單臂引體向上，轉動是由於缺乏（橈尺關節）旋前／旋後的控制，然而這裡的轉動是因為肩部缺乏控制，也可能是缺乏握力。請輕握桿子並盡可能握緊，推開肩部，不要讓這個推力偏重在腹部或髖部。相反地，試圖維持下端肩部均勻向外推。保持上端手良好、穩固的握法，應該剔除任何扭轉。

一旦你能夠以團身的姿勢向一邊撐住你自己，就可以進展到下一個不同的腿部姿勢。請注意，當你有足夠的肌力做分腿姿勢時，請略過團身姿勢，因為團身姿勢會帶給身體額外轉動的扭轉力。

一般來說，學習側桿動作最好的方法是找一位輔助員，他們可以幫助你保持肩部和髖部對齊，並協助你完成各種動作。如果有人可以幫你看動作，請他們在你操作手倒立姿勢下放到側桿姿勢時，協助你腰部或雙腳的動作。

腹輪──進度表第 4 頁，第 4 欄

25 秒棒式── 2 級

60 秒棒式── 3 級

單臂單腳棒式── 4 級

棒式姿勢

肩胛位置：要知道棒式肩胛骨的正確位置，通常是在操作不同的姿勢中，習慣肩胛骨的移動，在你使用直體姿勢搭配其他移動時，你會在移動中察覺正確的肩胛骨位置。

技巧：操作棒式，你可以從直體或一點圓背的俯臥撐開始（撐體時，保持腹部用力），如果可以，你該在雙手與雙腳間用背部造出極細微的半球形狀，保持這個姿勢，不可以掉下來。直體是正確的，但若能有點圓背會比拱背更容易找到位置進入動作。

請注意正確的執行練習，你的髖屈肌不該承受腹部的重量（髖部沒有屈曲），這會限制你訓練的效果，通常棒式也可以在側邊操作，側棒式會用來訓練其他核心肌群的穩定，很多人對自己的身體位置沒有很好的察覺，所以學習棒式是很重要的，這些動作對於教導核心姿勢是相當有用的，像是人體搖椅，在該動作的進程，使用全身來運動，L型撐體→高抬臀撐體，動作中伴隨著核心訓練。棒式在第2級到第4級的動作明確地指出所需核心力量的總秒數。

棒式，類似俯臥撐的動作，有時會造成背痛，如果你在支持姿勢拱背或讓背下垂，這種狀況更有可能發生。如果你拱背，腰肌（協助保持髖部在中線）的啟動會比腹肌更多，腰大肌的肌肉起始點源自於腰椎，因此，如果你讓身體拱背，腰肌會拉傷你的下背部，導致背部疼痛。

棒式單臂單腳的變化，請舉起一隻手臂，然後抬起對側腿，全身只有兩個位置和地板接觸，為動作帶來了不穩定性，由於與地板接觸的點以對角的方式穿過身體，所以在核心上有一些旋轉力，這使得執行動作具有相當的挑戰性。請逐步去達成棒式撐體，從最少維持25秒，之後再增加到60秒。

跪姿腹輪——5級

斜坡腹輪—— 6 級

腹輪離心—— 7 級

立姿腹輪—— 8 級

負重 20 磅腹輪—— 9 級

單臂腹輪—— 10 級

跪姿腹輪

吊環跪姿腹輪

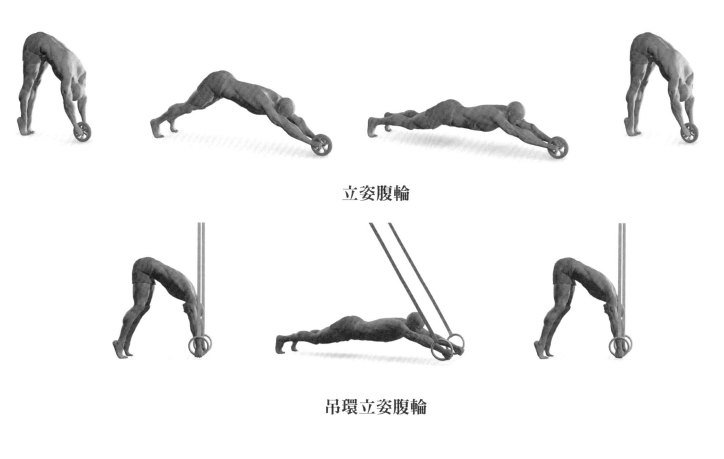

立姿腹輪

吊環立姿腹輪

單臂腹輪

　　肩胛位置：開始時肩胛骨是下壓且前突的，當你移動，手臂超過頭時，肩胛骨自然會開始上提。動作結束時，肩胛骨會反向移動，從上提、前突回到下壓、前突至完成動作。

　　技巧：在肩部和髖部之間瞄準一個相同的角度，把手放在腹輪上，手臂打直，從屈體姿勢開始，當你下降進展到動作，髖部打開的角度與肩部一致（例如，肩部打開在50度角，髖部也要打開50度角），這使軀幹與地板保持平行，使動作更具美感，更何況技術正確且難度適中。

　　請注意，這些漸進訓練也可以使用吊環來完成，因為吊環處於一個無摩擦力的平面，就像腹輪一樣。將吊環設置在離地板較遠的位置，可以使動作變容易，靠地板越近，動作會越困難。

這是非常好的核心訓練。經由壓縮過程驅動核心肌群作業，和L型撐體／V型撐體／高抬臀撐體進程連結，在全身的訓練中進步。對於那些高度熟練這些動作的人來說，能夠在沒有任何事先訓練下，第一次就完成立姿腹輪。

這裡有多種可用的漸進訓練，如果目前你處於跪姿的階段，那麼在進展到下個階段前，這個動作至少要做每組10下，共3組。

在使用腹輪時，一定要從肩部開始動作，若你專注於同時打開髖部與肩部，這會使髖部太早或太容易打開。從肩部開始動作，就能控制髖部，使兩者打開相同的角度。你的肩部應當開啟整個動作。

有多種方法可以增進這個動作，以下的方法都是可行的，請選擇一個你喜歡的方式：

- 第一種方法是，將腹輪從你的雙腳下滑至碰撞到一個物體，這個物體應該放在一個可以來回滾動的位置，例如你可以用牆壁來限制動作的範圍，以便在身體失衡前下降到某個動作範圍，隨著動作的進步，你可以使腳逐漸遠離牆面。
- 第二種方法在進度表的第6級指出，在向上傾斜的斜坡上操作腹輪，隨著你推得越遠，這會提供一些向外移動的阻力，坡道的斜度會影響動作難度。如果你在動作上有很大的困難，那麼需要從較高的坡度慢慢滑落。
- 第三種方法是利用緩慢離心動作建立向心動作，這是進度表中第7級動作的變化型，你可以從平坦的地板開始動作，接著向外延伸（盡可能地慢且受控制）。當你到達失衡點時，先是雙膝觸地，再是雙腳踩地板。隨著你從完全伸展的姿勢拉回來時，你應該從雙膝彈出推起再回到立姿，當你到達這個姿勢，就可以支撐自己。這可以確保你執行整個動作。

這裡有個關於傷害方面的事情需要注意，腹輪不是下背運動，背部不應該有感覺，如果你有，這代表髖屈肌——特別是腰大肌——啟動太多。雖然腰大肌銜接核心肌群，但是它起源於腰椎，如果你感到下背疼痛或不舒服，可能是腰大肌過度使用。請從訓練的進程中退出，直到你可以做到良好、穩固的滾輪，同時下背不會感到有任何傷害或不舒服。否則最後你可能會拉傷背，被迫從訓練中休息。

有很多方法可以使腹輪更具挑戰性，有些動作的變化包含在進度表裡，其中一種變化就是穿戴負重背心，由於背心位於核心的位置，它會在動作中段施加向下的肌力，因此使對側的核心訓練更困難。穿戴一件增重20磅的背心，把動作難度提升到第9級。

為了使核心與肩部進一步負擔較大的旋轉與穩定能力，你可以對等地移除四肢，例如第10級的腹輪變化動作只使用一隻手臂，你也可以使用手柄外側有兩個輪子的腹輪來執行這個變化

動作；由於只使用一隻手臂，在你下滑移動時，身體會伴隨著轉動的扭轉力，像是單臂的伏地挺身，你的體重只會落在一邊的肩部不會在兩邊，這使動作更加困難，你可以應用所有加強雙臂腹輪的作法來增進單臂腹輪動作：一面牆、一塊斜板、離心收縮訓練。

你也可以穿戴負重背心來增加單臂滾輪的挑戰，或在操作動作時抬起一腿。

特定吊環元素——進度表第 4 頁，第 5 欄

吊環靜止動作

因個人體型而有不同的里程碑

本書於前章已講解了運動的操作法，在此列出以下各項動作困難度的相互關係。

吊環外轉 L 型撐體 —— 5 級

吊環外轉分腿 L 型撐體 —— 6 級

後槓桿 —— 7 級　　　　前槓桿 —— 8 級

吊環 90 度 V 型撐體 —— 9 級

十字懸垂／分腿俄式撐體 —— 10 級

直體俄式撐體 —— 14 級

反十字懸垂 —— 16 級

吊環擺盪技巧——進度表第 4 頁，第 6 欄

吊環擺盪技巧由體操評分規則衍生而來，擺盪進程的技巧勝於肌力，這些動作因以下原因被含括於本書中：

- 第一點，擺盪動作需要良好的身體姿勢及身體意識，用來穩定最後姿勢所需的肌力有助於發展肌力。有些技巧可直接轉換成肌力動作，意思是你利用等長姿勢發展肌力，也同時在發展完成這些姿勢的肌力，這對做菁英級數的吊環動作很重要。
- 第二點，這些動作可輕易地融入一套固定或連串的動作，進而達到更高程度的肌力。
- 第三點，不用多說，這些動作很有趣！

當你開始學習做這些動作時，請站直並將吊環高度降低至與肩同高或略低一點的姿勢。當你以動態方式上吊環時，吊環自然會變得不穩定，這可能會導致你從支撐姿勢掉落。此時若吊環太高，你又沒有以腳落地，就很容易會傷到肩部。

屈伸上 —— 6 級

肩胛位置：在手倒立懸垂時，肩胛骨是下壓的，並於手倒立屈體時鬆開。於擺動時下壓並後縮肩胛骨至支撐姿勢，此時肩胛骨是下壓，且在中立的姿勢。

技巧：屈伸上是吊環上環的基本方式之一，有2種不同的方式可以開始這個動作。最經典的方法是，從手倒立懸垂開始，快速移動到手倒立屈體來做這個動作。另一種方式是從手倒立屈體姿勢直接屈伸上。在此僅討論從手倒立屈體開始的方法。若在懸垂支撐有困難，請先從手倒立懸垂再屈體以激發出更多的爆發力，因人體就像彈簧一樣。接下來將探討第二種方式。

- 使用虛握法，這使動作更容易操作。若已經能在操作中向上移動雙手，也可以不用此握法，但請先從訓練虛握握環開始，進而不使用此法。

- 開始手倒立屈體時，快速伸展髖關節直到完全打開，大約朝向垂直面與水平面間45度角的姿勢，使身體產生向上的動能，讓身體上升到吊環上面，也會產生轉動的旋轉，將你的身體向上轉動至支撐姿勢。

- 當髖關節打開後，身體匯集向上升起的力氣，在環上向下及向後壓。當手臂打直時，感覺就像把吊環快速有力地推向手掌的小指側。肩關節的伸展對吊環施壓，成為身體的支點，這股槓桿作用以手為軸心，將身體支撐在吊環上，若手沒有足夠的力氣，就無法撐在吊環上方。

- 當於吊環上方旋轉並接近頂端時，請以向內的肌力穩定控制吊環，若動作正確將於支撐姿勢完成此動作，雙臂將於環上打直固定。

起初，很多人會彎曲手臂，若吊環是被固定住的，動作會結束在吊環臂屈伸的中間或底部姿勢，為避免此情況發生，請以瞬間爆發力用力撐環，並於身體抬高時打直手臂。一旦你能掌握懸垂動作，就能到達硬拉的轉換期，或是臂屈伸的深處。這通常意味著至少有以下問題之一：第一，在吊環上你可能不夠用力；第二，做手倒立屈體動作時爆發力不足；第三，可能是上述兩者都有。

請持續訓練，若仍然無法克服問題，請向知道如何做此動作或有教練經驗的人尋求建議。

這是體操評分規則中的A級技巧。

後屈伸上 —— 7 級

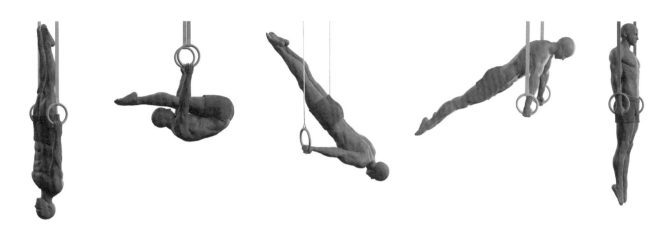

肩胛位置：在手倒立懸垂時，肩胛骨是下壓的，並於手倒立屈體時鬆開。於擺動時下壓及後縮肩胛骨至支撐姿勢，此時肩胛骨是下壓，且在中線位置。

技巧：後屈伸上在吊環上的動作與屈伸上動作方向相反，腿部須向後旋轉45度角，使腳跟旋轉到超過頭部進展到支撐姿勢，而非向前將腿部伸展至45度角最後直立的動作。

- 建議以虛握法開始，使動作容易些，若已能於動作中移動雙手，也可不用此握法。
- 開始手倒立屈體時，快速伸展髖關節直到完全打開，大約朝向垂直面與水平面間45度角的姿勢，使身體產生向上的動能，讓身體上升到吊環上面，同時也產生向後旋轉的動能，在身體聚集這些槓桿作用／動能後，髖關節便開始打開，在吊環上施以向前的力量。
- 在這個姿勢上，你會整個手倒立，快速用力將吊環向前推（到身體前方），同時將之拉向髖關節，在理想的情況下，吊環應保持在接近褲子的口袋處。
- 為了獲得向上和向後的槓桿作用，在髖關節打開後，將吊環向內且向前拉（朝向髖關節），將吊環支撐在那裡（當熟練此動作後，可嘗試將手向前碰觸髖關節，同時保持手臂打直），再以L型撐體結束動作。

這是體操評分規則中的A級技巧。

直臂屈伸上 L 型撐體 ── 9 級

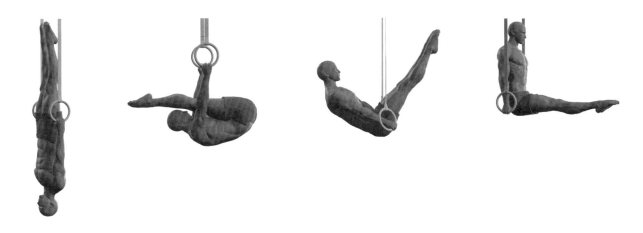

肩胛位置：在手倒立懸垂時，肩胛骨是下壓的，並於手倒立屈體時鬆開，於擺動時下壓及前突肩胛骨至支撐姿勢，此時肩胛骨是下壓，且在中線位置。

技巧：此動作的技巧與上個動作完全相同，開始手倒立屈體時，爆發性地打開髖關節（但不是完全打開）至維持L型撐體。這個情況發生得越快，動作越容易達成，同時，在吊環上施以向後的肌力，使手向上旋轉成L型撐體。

直臂屈伸上L型撐體的動作（Straight-Arm Kip to L-sit，可以縮寫成SA Kip to L-Sit），使屈伸上姿勢更具挑戰性，因L型撐體須在支撐姿勢達成前完成。由於動作以L型撐體姿勢結束，你需從最初的手倒立屈體懸垂姿勢產出更多的槓桿作用——同時保持手臂打直——很難將身體向後拉回環上。

這個動作最困難的部分是用直臂完成整個動作，此外，必需以L型撐體結束動作，不能讓平行的雙腿屈膝，這就是為什麼這個動作被評為第9級，儘管和被評為第6級屈伸上的動作很像。

直臂屈伸上L型撐體動作在體操評分規則中是較簡單的B級技巧，因為你不需要用非常好的肌力或技巧就能操作，但如果能好好地結合肌力與技巧，應該就能完美地操作這個動作。這是大部分訓練者達成的第一個B級技巧。

直臂後屈伸上 —— 10 級

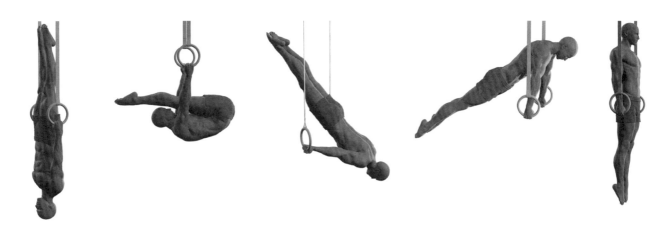

肩胛位置：在手倒立懸垂時，肩胛骨是下壓的，並於手倒立屈體時鬆開，於擺動時下壓及後收肩胛骨至支撐姿勢，此時肩胛骨是下壓，且在中線位置。

技巧：開始手倒立屈體時，快速伸展髖關節直到完全打開，腳尖朝後方45度角的姿勢，以便產生向上槓桿作用，如此身體就能抬高至吊環上，在髖關節開始打開後，身體會開始向上槓桿作用，在吊環上施以向前的肌力，在這個點上你幾乎會手倒立。快速並用力將吊環向前推——到身體的前方——同時將之拉向髖關節，在理想情況下，吊環應該會停留在褲子口袋附近的姿勢（若你手臂較長，可能在接近膝蓋的姿勢）。

直臂後屈伸上動作（Straight-Arm Back Kip to Support，縮寫成SA Back Kip to Support），除了手臂須伸直外，直臂後屈伸上動作的操作方式與後屈伸上相似，使用這個方法會在身體旋轉上形成力臂，需要更多的爆發力來完成這個動作。這個動作的困難點在於用直臂執行整個動作，這就是為什麼它被評為第10級，雖然這很像被評為第6級的屈伸上動作。

這是體操評分規則中的B級技巧。

後屈伸上手倒立 —— 11 級

肩胛位置：在手倒立懸垂時，肩胛骨是下壓的，並於手倒立屈體時鬆開，於擺動時下壓及後收肩胛骨到肩手倒立，此時將肩胛骨上提至手倒立姿勢。

技巧：後屈伸上手倒立是一種具有兩個階段的動作，第一個階段是從手倒立屈體姿勢或手倒立懸垂姿勢開始，包含擺動直體上肩立，於此，第二階段包含推至手倒立。

這個屈伸上動作的變化是在髖關節槓桿作用的部分，髖關節必需向上直接槓桿作用，而不是像之前的前屈伸上或後屈伸上動作一樣，先向前或向後朝向45度角的姿勢。

此外，你會將手臂帶到肩手倒立的姿勢，不同於其他動作，在開始屈伸上後立刻將手直接帶到腋下。不同於其他做法，將雙手帶向髖關節，向前或向後推到肩手倒立的姿勢，穩定後向外推。

這是體操評分規則中的B級技巧。

直臂屈伸上 V 型撐體／屈伸上十字懸垂或 L 型十字懸垂 —— 13 級

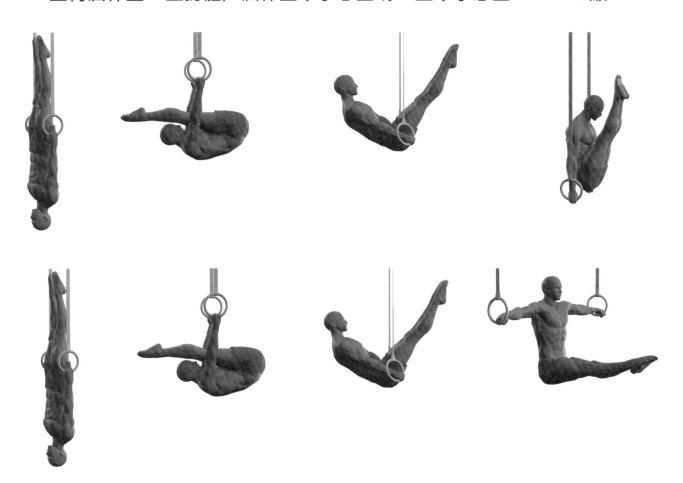

肩胛位置：在手倒立懸垂時，肩胛骨是下壓的，並於手倒立屈體時鬆開，於擺動時下壓及後收肩胛骨。當你從V型撐體至直角十字懸垂結束動作時，肩胛骨是下壓，且在中線位置。

直臂屈伸上V型撐體是一個從直臂屈伸上後接V型撐體的動作，髖關節必需在很短的時間內產生更多爆發力來有效達到V型撐體的姿勢。

屈伸上十字懸垂或直角十字懸垂，是將動作從動態部分轉換成肌力性支撐。剛開始你可以用髖關節爆發力進展到動作的高度，然後打直手臂降低至十字懸垂的姿勢，但是有天你一定會強壯到可以直接屈伸上十字懸垂的姿勢。

這個動作的關鍵是簡單學習如何產生身體旋轉至十字懸垂位置所需的肌力，以及正確且準確動員十字懸垂所使用的肌肉（假設你已經達到十字懸垂）。除非你十字懸垂至少能持續5秒鐘，不然請不要嘗試這個動作，若不能先做到這件事，進展到動作的槓桿作用可能會拉傷肩部肌肉。

這是體操評分規則中的C級技巧。

後屈體上十字懸垂或 L 型十字懸垂 —— 14 級

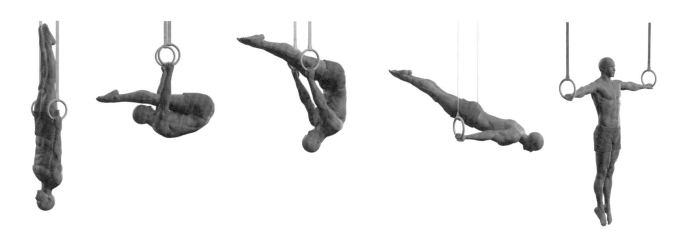

肩胛位置：在手倒立懸垂時，肩胛骨是下壓的，並於手倒立屈體時鬆開，於擺動時下壓及後收肩胛骨，當你開始向上移動和進展到十字懸垂的姿勢時，快速將肩胛骨轉換至下壓且在中線位置。

技巧：這個動作和向前屈伸上十字懸垂的動作很像，只差在此動作是向後屈伸上，屈伸上十字懸垂或L型十字懸垂，是將動作從動態部分轉換成肌力性支撐。剛開始你可以使用髖關節爆發力進展到動作的高度，然後打直手臂降低至十字懸垂的姿勢，但是有天你一定會強壯到可以直接屈伸上十字懸垂的姿勢。

學習這些技巧的關鍵是如何獲得身體旋轉至十字懸垂所需的肌力，以及正確且準確動員十字懸垂所使用的肌肉。除非十字懸垂至少能持續5秒鐘，不然請不要嘗試這個動作，否則進展到動作的槓桿作用可能會拉傷肩部肌肉或肘部肌肉。

這是體操評分規則中的C級技巧。

後屈伸上分腿俄式撐體 —— 15 級

　　肩胛位置：在手倒立懸垂時，肩胛骨是下壓的，並於手倒立屈體時鬆開，於擺動時下壓及後收肩胛骨到分腿俄式撐體姿勢。

　　技巧：後屈伸上分腿俄式撐體，比之前所提到的擺盪動作以更垂直的方式打開髖關節。於此，抬高並保持髖關節在吊環上方，直到達到分腿俄式撐體肩部的位置。分腿部動作必需在雙腳穿過吊環後做，否則會因碰到吊環而落下。

　　除了操作時多了一點旋轉，否則此動作與後屈伸上手倒立很像，把動作想成先達到肩立姿勢，接著當雙腿旋轉落下時，伸直手臂並用肌力撐住該動作。

　　這是體操評分規則中的C級技巧。

吊環迴環技巧──進度表第 4 頁，第 7 欄

吊環迴環技巧是指在吊環上操作一系列向前和向後的滾翻動作，無論是移動至支撐性姿勢或各種肌力動作。若結合成整套動作，操作起來會很有趣──還可以拿來炫耀！

團身姿勢的動作變化並沒有包含在本書裡，因為那些動作不僅簡單也不太賞心悅目。然而，在剛開始練習若覺得屈體或直體姿勢太具挑戰性，請你記得所有的動作皆可以從團身開始學習，再循序漸進到屈體姿勢。

在動作開始前，請在吊環前方站直，把吊環高度調降至與肩同高。由於動作的性質和吊環的不穩定性可能會造成你從支撐性姿勢掉落，此時若吊環太高，你又沒有以腳落地，就會很容易傷害肩部。

吊環迴環技巧通常比擺盪動作需要更多的肌力，前迴環撐體和後迴環撐體的團身姿勢變化沒有包含在進度表中，團身姿勢的變化大概比屈體姿勢容易一個級數。

屈體前迴環撐體 —— 6 級

肩胛位置：肩胛骨在支撐姿勢時是下壓的，當你開始滾翻，他們會在動作中繼續下壓，並從前突轉換至後縮，當你回到支撐姿勢時，他們會回到中線位置。

技巧：從支撐姿勢開始，於此微抬髖部接著向前傾，在你開始向前滾翻且超過自己時，請維持在屈體姿勢，接著把手滑入虛握法，並重新握住。隨著髖關節持續移動至超過頭，維持在屈體姿勢並下降髖部，同時，盡可能保持屈臂，再把上半身後翻至吊環間。當上半身達到引體向上姿勢的頂端，髖部仍然會略微下降。利用這個槓桿作用讓身體更有肌力去度過硬拉的轉換期，在髖關節耗費完槓桿作用後，將髖關節打開並推動吊環，結束於支撐姿勢。

這個動作常見的問題是，在你向前滾翻時沒有做到虛握法。如果是這種情況，可以訓練慢慢地向前滾翻或請人觀察你的動作，並在你要做向前滾翻時提醒你使用虛握法。

另一個常見的問題是，身體在轉動上沒有維持屈體姿勢。腹部持續用力以讓你維持在屈體姿勢，除非你需要肌力執行技巧，不然屈體姿勢是能幫助你度過（硬拉）轉換期的關鍵。若是正確操作，這個動作所需的肌力應該遠遠少於硬拉。

這是體操評分規則中的A級技巧。

屈體後迴環撐體 ── 7 級

肩胛位置：肩胛骨在支撐姿勢時是下壓的，當你開始滾翻，他們會在動作中繼續下壓，並從後縮轉換至前突，當你回到支撐姿勢時，他們會回到中線位置。

技巧：從支撐姿勢開始，就像之前的動作一樣，當你向後落下至手倒立懸垂姿勢時，把手滑入虛握法，接著開始向後下降呈屈體姿勢，在你移動到屈體手倒立懸垂姿勢時，可使用髖關節的爆發力來獲得槓桿作用回到支撐姿勢，類似後屈伸上。雖然這不是最好的方式，但在能正確操作前，可以用這種方式抓到一些訣竅，用力地彎舉肱二頭肌以讓髖關節持續抬高，並旋轉超過頭頂再回到支撐姿勢。

由於這是一個迴環動作，應該是用從支撐姿勢向後滾翻下的槓桿作來執行，當你滾翻到手倒立屈體姿勢後，開始打開髖關節，同時向前推動手，並將他們拉靠近髖關節。如果你喜歡，也可以用直體向後滾翻，要注意的是，直接移動到手倒立屈體姿勢需要更多旋轉的槓桿作用。

由於旋轉的槓桿作用已經產生，因此你只需要朝髖關節推動手來增加向上的肌力，這樣可以在旋轉時將動作再次上提到吊環上，結束在正面向上的姿勢。

這是體操評分規則中的A級技巧。

直體前迴環撐體 ── 9 級

　　肩胛位置：肩胛骨在支撐姿勢時是下壓的，當你開始滾翻，他們會在動作中繼續下壓，並從後縮轉換至前突，當你回到支撐姿勢時，他們會回到中線位置。

　　技巧：這個動作你要以直體向前滾翻，請確實下降肩關節至肩手倒立姿勢，如果你直接滾翻超過肩手倒立姿勢，你可能會失去控制，甚至掉落環下。在身體穿過吊環時，將手滑入虛握法，當雙腳下降超過吊環的高度時，使用上半身的肌力去減緩動作並控制它，你將會發現自己在吊環底下幾乎進展到半前槓桿的姿勢。隨著雙腿持續落下，你會迅速進入引體向上的姿勢，然後用肌力去執行硬拉的轉換期動作，於此只要推離開臂屈伸即可完成動作。

　　直體姿勢的前迴環撐體動作明顯地提高動作難度，這個方法無法利用髖關節落下的反向槓桿作用幫助你轉換動作。這使轉換動作更困難，因為你會自然而然想在轉換動作時用屈體姿勢去反向平衡上半身。

　　用直體姿勢操作這個動作非常困難，在嘗試前，請先熟練屈體姿勢的動作。在理想的情況下，完成這個動作要緩慢，並從借一點力到完全不借力。（剛開始訓練時，你可以使用槓桿作用到逐漸熟練動作，當你變得更強時，應該把槓桿作用剔除。）

　　這是體操評分規則中的B級技巧。

直體後迴環撐體 —— 10 級

肩胛位置：肩胛骨在支撐姿勢時是下壓的，接著在臂屈伸的底部動作上抬，於旋轉時，用力後縮及下壓他們通過旋轉，接著回到支撐姿勢，此時肩胛骨是下壓且回到中線位置。

技巧：從支撐姿勢開始，接著有控制性地向後滾翻，僅使用你需要的槓桿作用，並在較熟練後，分段地把它剔除。在你來到動作的第二階段，彎曲雙臂，使雙腿去旋轉上半身回到吊環上，將吊環固定在髖部，接著盡可能推動雙手向前，讓身體繞著雙手轉動回到支撐，在滾翻後結束在支撐姿勢。

這是手倒立硬拉漸進訓練的第一個動作，需要非常龐大的肌力，你唯一能獲得槓桿作用的地方來自落下的初期和彎曲雙臂的控制。由於髖關節是完全伸直的，所以無法協助這個動作。

理想的狀況下，你完全不能借力，這也是為什麼這個動作被歸在第10級。快速執行向後滾翻來表現良好技術，要比這個級別的技能容易得多。而這個基本動作你在第6級或第7級就已經學會。然而，在沒有借力的情況下要正確執行這個動作，需要龐大的控制力和肌肉力量。

這個動作最困難的部分是第二階段的手倒立硬拉，做反向的手倒立硬拉訓練會幫助你進步。例如，先進展到肩手倒立姿勢，接著緩慢下降至手倒立懸垂姿勢。

這是體操評分規則中的B級技巧。

直體後迴環手倒立 —— 12 級

肩胛位置：肩胛骨在支撐姿勢時是下壓的，接著在臂屈伸的底部動作上抬，於旋轉時，用力後縮及下壓他們通過旋轉，一旦你開始倒懸，用力地上提他們到手倒立姿勢。

技巧：從支撐姿勢開始，向後傾讓雙手滑動以便能虛握。當你進入手倒立懸垂姿勢，用力將雙手從肩部向前拉並將身體向上。同時以強而有力的方式把雙手拉到肩部（很像手倒立肱二頭肌彎舉），達到肩手倒立姿勢。於此，向外推至手倒立。

這是手倒立硬拉漸進訓練的第二個動作，可縮寫成Felge Backward SB to HS，這使直體迴環上撐更進一步，把動作向上帶到肩手倒立並進展到手倒立。

這個動作最困難的部分是手倒立硬拉的第二階段，負向進行手倒立硬拉上的訓練能幫助你進步。例如，你可以把肩手倒立姿勢慢慢下降至手倒立懸垂姿勢。你會需要強壯的肱二頭肌，才能將雙手帶到肩部，以達到肩手倒立姿勢。若是較難做到，請訓練肱二頭肌，並持續訓練這個動作。

這是體操評分規則中的B級技巧。

直臂屈體前迴環十字懸垂 ── 13 級

肩胛位置：肩胛骨在支撐姿勢時是下壓的，於滾翻時，肩胛骨在動作中會繼續下壓，並從後縮轉換至前突，接著在移動到十字懸垂姿勢時回到中線位置。

技巧：這是屈體前迴環十字懸垂的變化，把雙手滑入虛握法（如果你是在執行虛握法的十字懸垂），向前下降同時保持屈體姿勢，在你往前下降時，雙手可能需要離髖部6寸遠或更多。當髖部開始下降，你會來到手倒立屈體姿勢，在經過這個姿勢後，在吊環上施加向下、近乎寬握前槓桿拉動作。當你開始直立時，就會變成一個十字懸垂動作。

這個動作可縮寫成Felge Forward SA to Cross，任何用直臂進展到十字懸垂的轉換動作都需要大量的訓練，這些動作會讓你感到不自然，直到你逐漸習慣他們。通常最好用夢幻機台（皮帶滑輪）來訓練，或是從輔助員那裡了解你應該如何執行這個動作。

這是體操評分規則中的C級技巧。

直臂前迴環分腿俄式撐體 —— 14 級

肩胛位置：肩胛骨在支撐姿勢時是下壓的，於滾翻時，肩胛骨在動作中會繼續下壓，並從前突轉換至後縮到支撐姿勢，當你進展到分腿俄式撐體時，此時肩胛骨是下壓且前突的。

技巧：首先在支撐姿勢向前傾，同時滑入虛握法（如果你喜歡的話），接著在轉換期和上升期屈曲髖關節，將身體驅動到吊環上面，於滾翻後進展到手倒立懸垂姿勢，盡可能用力將吊環拉開。當你開始上升時，應用向外和向下力道進展到寬臂前槓桿姿勢，推到十字懸垂姿勢進入支撐狀態，同時身體持續旋轉到抬起髖部，接著分開雙腿以達到分腿俄式撐體的姿勢。

這個動作可縮寫成Felge Forward SA to Str PL，由於雙臂是打直的，很像你經歷了一個近乎十字懸垂的姿勢，這會在把手推開時發生，也是這個動作最困難的部分。當你達到支撐姿勢時，請持續向前傾，接著進入分腿俄式撐體。

這是體操評分規則中的C級技巧。

直臂直體前迴環手倒立 —— 15 級

肩胛位置：肩胛骨在支撐姿勢時是下壓的，於滾翻時，肩胛骨在動作中會繼續下壓，並從前突轉換至後縮到支撐姿勢。當你從俄式撐體進展到手倒立時，肩胛骨會再次前突並上提，直到手倒立姿勢完全上提，並處於中線位置。

技巧：雙手應該向外打開約與肩關節呈30度至45度角。有控制的向前滾翻形成馬爾他姿勢，保持手臂打直，當頭部下降至吊環下方，向外用力對抗吊環，你會進入到寬臂手倒立懸垂姿勢。使用一點迴環動作的槓桿作用，持續旋轉身體至半前槓桿姿勢，當腳持續向下轉動時，手用力向下壓，身體會從寬臂前槓桿姿勢進展到手倒立姿勢。

這個動作可縮寫成Felge Forward SA SB to HS，這比之前提到的直臂進展到十字懸垂的進程需要更多的肌力，因為直體姿勢限制了能拉動你上半身到位的槓桿作用。因此，當身體旋轉時，手必需施加更多的肌力來完成這兩個階段。

這是體操評分規則中的C級技巧。

請注意：D級技巧超出本書的範圍，當你到達那個層級，應該具有足夠的訓練計畫知識和技能，去執行更高層級的動作。

深蹲——進度表第 4 頁，第 8 欄

　　正如我前面所提到的，槓鈴訓練對於增進腿部肌力與使其肌肥大比徒手訓練來得好，然而，由於《超越重力》主要是聚焦於徒手肌力訓練，在此提供一些基本漸進的方式使你能在沒有負重下，獲得肌力的增強與肌肥大。（負重訓練器材的取得可透過以下方式：例如上健身房、在網站上購買、透過二手市場購買、向朋友或家人借／拿，或自己動手做／DIY）。

　　推薦2種可徒手操作的腿部運動，單腳深蹲漸進訓練及弓步登階漸進訓練。下面我將說明如何進行從深蹲到單腳深蹲的操作方式，但僅簡單講解從弓步進展到深度登階的操作方式。若這些方式沒有用，還有其他的徒手腿部動作可取代，例如： 蝦式深蹲、靳式硬舉等，這些動作對訓練也有助益。

　　當然還有其他更具爆發性的替代性動作，例如垂直跳、跳遠、跳箱、增強式訓練、衝刺、斜坡衝刺，還有很多跑步的方式或騎腳踏車都能有效訓練下肢的肌力與促使肌肥大。本單元所提到的運動都能互換，單腳深蹲可用垂直跳高、跳遠距離或跳箱高度來訓練，但像衝刺這樣的訓練到底要做多少量才能有效增強肌力與使肌肥大，則比較難測量。

亞洲蹲——不適用級數

　　亞洲蹲可訓練身體習慣底部的蹲姿，有些成人甚至無法輕鬆做出這個動作，然而小孩卻可以輕易做出此動作。這個動作可用來評估人的活動度與整體的柔軟度。訓練做這個動作，不僅對維持柔軟度及活動度有幫助，也能作為人類重新學習動作的基礎，這個動作對缺少運動者會有幫助。

平行蹲—— 1 級

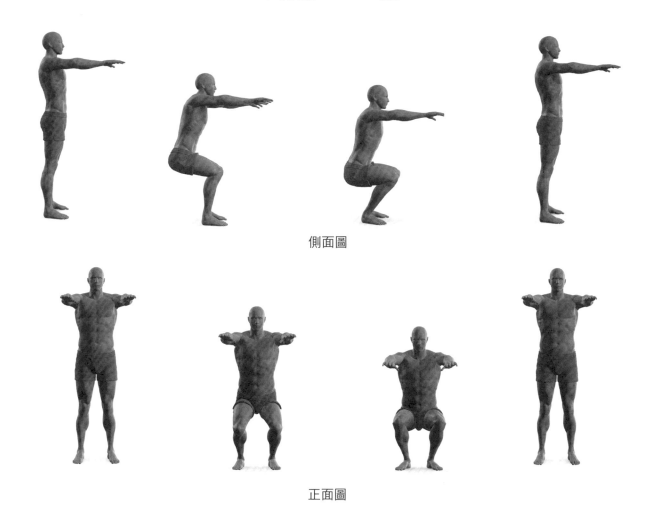

側面圖

正面圖

技巧：平行蹲的第一張圖為動作側面圖，第二張圖是正面圖，這是基礎動作，且對腿部肌力發展很重要。請保持雙腳與肩同寬或略比肩寬，把腳尖從0度轉到30度的姿勢（自己覺得舒服的角度），動作開始時就像向後坐椅子一般，將重心放在雙腳的中間或後面一點的姿勢，下蹲時請保持背部打直，不要讓背部拱起來。如果蹲得夠深，大腿後側應該會貼到小腿，碰到後請以同樣的姿勢站起來，用髖關節和膝關節的肌力使背部挺直。

對需久坐（或坐辦公室）的人而言，這個動作可能比較難完全做到。你可能會把膝蓋放到腳趾前面來做代償，但正確動作應該是把膝蓋放在腳趾的上方，以保持正確的中線，但你應該要再往後坐一點，與此同時也能使用到髖部的肌群。

如果要進一步挑戰，你可做胸前輕量負重訓練（如使用壺鈴、裝滿書的背包、啞鈴、鐵片或其他10到20磅的物件），這稱為高腳杯式深蹲。多數人可正確做出此動作，若仍有困難可上You-Tube去看蹲舉系列的影片，或找人幫你調整動作。

全深蹲 —— 2 級

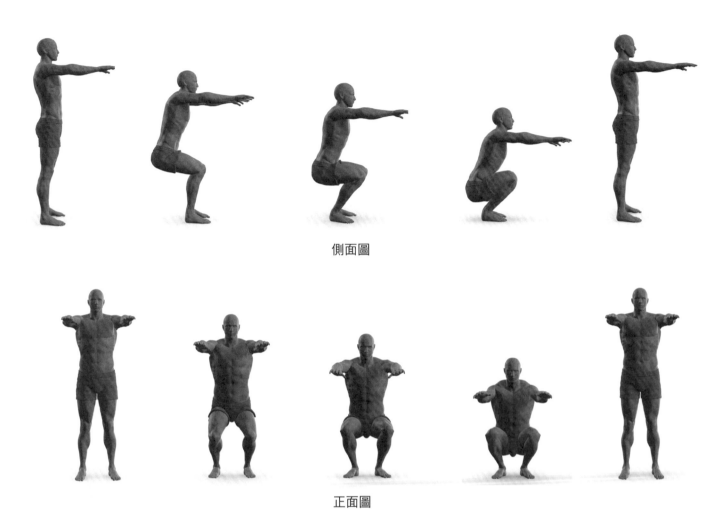

側面圖

正面圖

　　技巧：請保持雙腳與肩同寬或略比肩寬，腳尖朝向介於0到30度之間，自己覺得舒服的角度。動作開始時就像往後坐椅子一樣，把重心放在雙腳中間，或稍後方。下蹲至大腿碰到小腿後方，保持背打直，不要讓背拱起，若姿勢正確，大腿後側應該會貼到小腿，請以相同的姿勢站起來，用髖關節與膝關節的肌力使背挺直。如果你是辦公族或需長時間久坐的人，這個動作可能比較難完全做到。你可能會把膝蓋放到腳趾前面來做代償，但正確動作應該是把膝蓋放在腳趾的上方，以保持正確的體線，但你應該要再往後坐一點，與此同時也能使用到髖部的肌群。

　　平行蹲與全深蹲的主要不同點在於動作範圍。做平行蹲時只要下蹲到大腿與地板平行，全深蹲則需下蹲至大腿貼到小腿後側，對於那些需長時間久坐的學生或上班族是比較困難，因此動作需有更多的柔軟度及活動度。觀察初學走路的小孩就會發現他們很容易做到全深蹲，但若是不做此動作或總是坐著，就會漸漸失去這個能力，因肌力不足而無法完整做出此動作。

雙邊側蹲 —— 3 級

技巧：從分腿站立的姿勢開始，慢慢將重心移到左邊（或右邊），再慢慢下蹲至髖部接近小腿處，然後打直雙腿站起來，再慢慢地下蹲至另一側，視情況反覆操作。

這個運動也被稱為哥薩克深蹲（Cossack Squats）。這對弓步、深度登階、單腳深蹲有益，因當你由一側移至另一側時，腿的重心也會隨之轉移。這個動作屈腿側要下蹲至大腿貼小腿或髖部貼小腿的幅度，另一隻腳須伸直，對單腳深蹲或深度登階而言，這是一個非常好的暖身。

如果全蹲動作太難，請用墊子或其他工具來抬高屈側腳，使腳更容易彎曲，或撐在門上或堅固的桌子上，來幫助你保持下蹲的動作。當動作改善後，你可試著把伸直的腳朝內合上，以模擬做出更接近單腳深蹲的動作。

單腳深蹲 —— 4 級

階梯輔助

椅子輔助

技巧：單腳站立，慢慢往後坐，讓膝蓋向前超過腳尖，持續緩慢地蹲到底，直到髖部碰到小腿，保持肌肉縮緊，然後利用腳的肌力站起來。

單腳深蹲是一種單腳訓練的動作，很多徒手訓練者用來增強肌力和使肌肥大。此訓練進步後，可採用階梯輔助法及椅子輔助法（做法分別由上面第二及第三張圖顯示）促使動作進步，以求做到完全，然而也有其他方法可以達成：

- 如果附近有柱子或門，可撐在柱子或門把藉以訓練平衡感、肌力或二者。
- 如果有平衡感問題，可做單腳平衡運動，藉由從上向下把腿彎曲成不同角度的屈腿部動作來訓練單腳平衡。

- 如果柔軟度和活動度有問題，可做雙邊弓步和／或亞洲蹲的動作。

- 如果需增強肌力，可增加訓練量和解決平衡感的問題，可撐在牆上、柱子上、門上或其他可支撐的東西上，反覆訓練，以解決平衡的問題。

請確定能控制好膝關節，膝關節需朝向腳尖，而非向內，如果膝關節朝內，表示髖關節控制力較弱，只要膝關節能控制良好，讓它朝向腳尖，就不會產生膝蓋疼痛之類的問題。除非你技術很好，否則請慢慢地動，若需其他建議，也可請教有經驗的人。一般而言，只要單腳深蹲的過程中膝關節能控制好，此動作並不會有危險性。

若仍有困難，可參考GMB的單腳深蹲示範教學：網址 https://gmb.io/pistol-squat/

負重單腳深蹲 —— 5 級以上

一旦你可以掌控徒手單腳深蹲，就可以增加重量以提高動作的難度，單腳深蹲還有其他加深難度的方式，例如：跳高或跳遠。除了想爆增單腿肌力外，我個人並不喜歡跳躍訓練，我認為在多數情況下，標準槓鈴訓練會比跳躍訓練好，因為跳躍訓練大多不會停在一隻腳上，它不是停在兩隻腳上，就是在連續增強式運動做完後停在以非靜態方式訓練的腿上。

負重單腿深蹲的缺點是，很多人會在單腿深蹲至底部時拱背，沒有負重量的情況下還好，一旦開始負重，就有可能會受傷，但只要慢慢做且背部未曾受傷，訓練過程中還沒見過有危險發生的情形。因此，在你可以完整地做出單腿深蹲後，槓鈴腿部運動對於增強肌力與增進肌肥大而言是較好的選擇。

這是進度表上列的進度：

- 第5級——1.2 倍體重的單腳深蹲
- 第6級——1.35 倍體重的單腳深蹲
- 第7級——1.5 倍體重的單腳深蹲
- 第8級——1.65 倍體重的單腳深蹲
- 第9級——1.8 倍體重的手單腳深蹲
- 第10級——1.9 倍體重的單腳深蹲
- 第11級——2 倍體重的單腳深蹲

例如：1.5倍體重的單腳深蹲是指，如果你體重是150磅，你需要再增加75磅來訓練單腳深蹲，通常會簡單地使用啞鈴、鐵片或壺鈴來增加重量。

徒手訓練的一般性比較為，1.5倍的徒手單腳深蹲大約等同於2倍的徒手背蹲舉，意思是體重150磅再加75磅的單腿深蹲大概等同於300磅的背蹲舉。

以上是一般性的比較，具體操作後的結果可能會因人而異。若平時只做負重槓鈴深蹲的話，可能無法馬上做增加50%負重的單腳深蹲，因為這種深蹲需要有平衡感及技巧。同樣地，若平時只操作負重的單腳深蹲可能不一定能馬上操作2倍體重的槓鈴深蹲，但若同時訓練這2種動作，就能從相對的神經適應與肌肥大獲得相當的肌肉力量。

其他腿部訓練

弓步

　　弓步是另一種可以幫助你增進腿部肌力的基本訓練，多數人可以做得不錯。如果做不到，在弓步起身時，請嘗試減少來自後腿的協助。

椅子弓步

　　椅子弓步能夠減少後腿的重量，使更多的重量移至前腳，增加難度。弓步下蹲至後腳抬起的伸展，有益於髖屈肌群和股四頭肌群的柔軟度。

階梯登階

　　我喜歡在椅子或架子上做較深度的登階前先做階梯登階，你應該做的是靜態的弓步而不是槓桿作用登階，這對股四頭肌群、腿後肌群、臀大肌是很好的訓練。我們常忘了成人容易攀登的階梯對小孩而言是相當巨大的，當孩子們能步行自如後，就能夠爬上相當於他們腿長的階梯，快速地增加肌力與肌肉量。

椅子登階

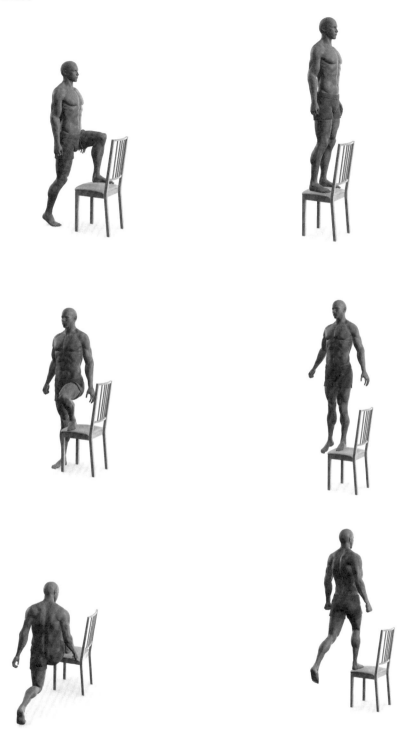

　　第一排的圖解是直觀圖，第二排是側面圖，第三排是後視圖。若無法馬上找到檯子、桌子、架子或其他較高的工具，椅子登階是一種能夠模仿深度登階運動的方式，且可使你抬高腿做登階運動，當你變得更強後還可做負重訓練。請試著將槓桿作用減到最少，充分利用此訓練來增進體能。

單腳弓步

單腳弓步（有時稱為靳式硬舉），並不一定比椅子登階更難，做單腳弓步時抓住後腿的動作通常被稱作蝦式深蹲。這些動作可作為深度登階及椅子登階的替代動作，當你變得更強後也可以負重操作。

多面向訓練

本書並不涵蓋所有類型的徒手訓練，僅關注於對肌力發展較重要的訓練。由於篇幅有限，一些有用的訓練必需被省略，包括：爬繩訓練、懸吊提腿、吊環飛鳥等運動。總之，你應訓練做最能幫你安全達標的運動。

如果你想透過增加運動的強度或級數來製作或改進本書的進度表，隨時歡迎。我們熱切歡迎大家提供任何能增進或改善《超越重力》的建議。你若有不錯的想法也可在網站上或運動社群上分享，你可透過Steven Low或Reddit的網站與他取得聯繫。

www.stevenlow.org

www.reddit.com/r/overcominggravity

RESOURCES

參考資源

與訓練有關的參考書：

- 肌力訓練基礎《Starting Strength》－ Mark Rippetoe
- 實務課程《Practical Programming》－ Mark Rippetoe
- 肌力與體能訓練《Essentials of Strength and Conditioning》－NSCA
- 科學化伸展《Stretching Scientifically》－ Thomas Kurz
- 超級訓練《Supertraining》－ Mel Siff
- 肌力訓練科學與實務《Science and Practice of Strength Training》－ Vladimir Zatsiorsky，William Kraemer
- 運動訓練法《Periodization：Theory and Methodology of Training》－ Tudor Bompa，Gregory Haff

許多運動計畫的理論背景與資訊，可從Madcow舊的Yahoo GeoCities取得，該網站現在已停業，但StrongLifts有完整備份，連結在下方。我大量使用此訓練理論，從槓鈴到徒手操作。波動週期訓練方式和其他運用在徒手操作上的進階訓練法，是取自ABC Bodybuilding原先的三部分，但現已沒有在運作。

http://stronglifts.com/madcow/index.htm

有關行動力、預防與復健工作資訊的取得，來自於攻讀馬里蘭大學醫學院物理治療學位、費爾蘭田徑俱樂部教練傳授的體操經驗、Gymkana的教練與志工人員、Roger Harrell的訓練與技巧（Drills and Skills），以及留言板上的貢獻者Roger Harrell、Valentin Uzunov及Blair Lowe。Dave Draper網站的LYTPS。腕部伏地挺身來自武術家。

http://drillsandskills.com

　　運動的圖示描述、技術與訣竅靈感，取自國際體操協會評分規則及說明。肌力與技巧動作的核心知識來自以前的體操教練Gymkana、Roger Harrell的訓練與技巧（Drills and Skills），還有像Roger Harrell、Valentin Uzunov及Blair Lowe的貢獻者。其他特殊技巧的小細節來自Jim Bathurst／Jack Arnow（單臂引體向上）、Ido Portal（一些肩胛定位與建構的慣例），以及Coach Sommer（前槓桿盤旋、高抬臀撐體、馬爾他及部分硬拉進程）。

數以千計的膠原蛋白與軟骨復健：Theory and Clinical Application in Orthopaedic Manual Physical Therapy： Applied Science and Theory by Ola Grimsby and Jim Rivard; pages50,168,326.

蛋白質攝取時機：攝取蛋白質的時機對於肌力與肌肥大的影響：統合分析。Schoenfeld BJ, Aragon AA, Krieger JW. PUBMED ID：24299050

John Gill網站裡有關徒手訓練的歷史資料；取自IWF的奧林匹克舉重內容：

http://www128.pair.com/r3d4k7/Chinups.html

http://iwf.net/results/olympic-records/

Prilepin表格：

http://elitefts.com/education/training/sports-performance/prilepins-chart/

中樞神經系統(CNS)疲勞綜評：

http://mass-lift.com/2013/05/a-review-of-central-nervous-system-fatigue/

肥大：

http://strengthandconditioningresearch.com/hypertrophy/

http://lookgreatnaked.com/blog/how-long-should-you-rest-between-sets-for-hypertrophy/

http://strengtheory.com/the-new-approach-to-training-volume/

節奏與肌肥大：

https://www.strengthandconditioningresearch.com

http://danogborn.com/training/slow-eccentrics-for-growth/

非功能性肥大–肌漿與肌原纖維肥大：

http://higher-faster-sports.com/nonfunctionalmyth.html

http://baye.com/myth-of-sarcoplasmic-versus-myofibrillar-hypertrophy/

不同類型週期化與肌力訓練的效果：

http://strengtheory.com/complete-strength-training-guide/

http://ergo-log.com/differentweights.html

http://ncbi.nlm.nih.gov/pubmed/19528843

http://ncbi.nlm.nih.gov/pubmed/22516910

＞65% 1RM對未經訓練者的肌力與肌肥大效果更好，雖然＜60%的組別也呈現不錯的肌力與肌肥大：

http://ncbi.nlm.nih.gov/pubmed/25530577

被動休息、主動休息與主動恢復的分析：

http://suppversity.blogspot.mx/2013/11/resting-done-right-passive-rest-or.html

預防傷害的方法：肌力訓練、伸展、本體感覺與混合──運動介入對預防運動傷害的效果：隨機控制研究的系統性回顧與統合分析：

http://bjsm.bmj.com/content/48/11/871.full

週期化訓練綜述：

http://elitefts.com/education/training/powerlifting/overview-of-periodization-methods-for-resistance -training

運動員分析：選擇週期化訓練系統促進個人表現最大化

https://www.nsca.com/

膝部傷害：能解釋膝關節炎造成運動相關的風險增加：

http://ncbi.nlm.nih.gov/pubmed/16978252

其餘個人想法或想法的應用，來自於過去擔任Gymkana體操班教練及私人訓練的經驗。上面的運動分析連結影片是週期化訓練應用的最佳介紹。

關於作者

史蒂文‧洛（Steven Low）是一名前體操選手，也是投入無數時間獨立研究健康、體適能與營養科學基礎的教練。獨特的知識背景使他能提供許多實務處理傷害的深入觀點。史蒂文擁有馬里蘭大學學院市分校生化科學的學士學位，以及馬里蘭大學巴爾的摩分校物理治療的博士學位。史蒂文在UMCP時期參加Gymkana的演出，屬於體操表演班，此後便擔任Gymkana運動員的教練，目前也是龍門（Dragon Door）健美體操證照的資深訓練師（PCC）。

史蒂文的訓練變化多且分量重，主要是體操、跑酷、攀登與短跑。肌力的內容包括：

直體後槓桿、直體前槓桿、雙手各4次單臂反握引體向上、10秒十字懸垂、吊環分腿俄式撐體、負重190磅5次反覆臂屈伸、負重130磅引體向上、負重70磅吊環完整硬拉、8次徒手雙槓手倒立挺身、5次屈臂推撐、20度高抬臀撐體。他目前正在努力實踐俯臥直體俄式撐體。

如需更多資訊，請前往www.stevenlow.org「超越重力相關問題」，有可能讓史蒂文透過Reddit直接來回答你。

www.reddit.com/r/overcoming gravity